松永桂子

RE
地域経済の
リデザイン

生活者視点から捉えなおす

DESIGN

学芸出版社

はじめに

　最近、経済学界隈でよく語られる逸話がある。およそ100年前のケインズの予測である。しかし、その内容が大きく外れたことから「ケインズの誤算」と呼ばれる。

　かつて、ケインズは「孫の世代の経済的可能性」という講演録のなかで、経済成長の果て21世紀初頭には、人びとの労働時間は1日3時間程度にまで減少すると予測していた。2030年頃に「至福状態」に達し、所得の伸びが止まり、同時に労働時間は週15時間程度となり、ゼロに向かって減少しはじめると説いたのだ。人びとが欲するものはほぼ全て機械で生産されると考えたからである。理論上では生産性が上昇すると余暇が増えるが、実際にはまったく逆となった。働くということが多義的になった反面、効率性重視の経済がさらなる欲望を喚起し、労働時間が減ることはない社会が作り出されたことによる。

　このケインズの講演録を元にケインズ研究者のロバート・スキデルスキーは、便利、効率性を追求する限りない欲望は働けば働くほど貧しくなる社会を作り出すとし、現代の消費社会に警鐘を鳴らしている[注1]。スキデルスキーは、そもそもケインズは、なぜ所得が増えるにつれて人びとは働きたくなくなると考えたのかを問う。その答えは明快だ。それは「欲望」と「必要」を区別していなかったからだと説く。欲望には際限がない。経済成長が止まるというのは、人びとは必要以上に欲しがらないことを選ぶことである。つまり、労働時間が減らないのは、人びとの欲望には際限がないこと、それを満たすための労働が次から次へと生まれていることを表している。

　「ケインズの誤りは、資本主義の下で自由に行われるにようになった利益追求はゆたかになれば自ずと終息し、人々は文明的な生活の実りを享受するようになる、と考えたことにある。そう考えたのは、自然な欲望には決まった量があるとみていたためだ。ケインズは、資本主義が欲望創出の新たな原動力となり、習慣や良識による伝統的な抑制が働かなくなることを予測でき

なかった。となれば、私たちはケインズが生きた伝統的な社会よりはるかに裕福になったにもかかわらず、よい暮らしの実現にとっては、ずっと不利なスタートラインに着くことになる。資本主義は富の創出に関しては途方もない成果を収めたが、その富の賢い活用という点では、私たちは無能なままだ」注2。

　この指摘は先進資本主義国に向けられているが、短期間で経済成長を遂げ、人口減少社会に転じた日本において、とくに切実な問題にみえる。「豊かになるほど過剰に働く社会」は、企業側が働きすぎの環境を作っているばかりか、スキデルスキーらが指摘するように、際限のない人間の欲望が過剰な経済環境を作り出している。富の創出だけでなく、むしろよい暮らしの実現に向けて、今後の労働や経済のあり方を考える必要がある。

　資本主義経済では経済成長の過程で規範やシステムが成立していったことから、雇用慣行や働き方、それに則った制度が持続し、時に制度疲労を起こしかけていた。だが、コロナ禍で社会経済システムが揺らぎ、在宅勤務やリモートワークなど新しい働き方が浸透した。それに伴い、都市集中から分散型社会へのシフトも起こりつつある。コロナ禍は行き過ぎたグローバル資本主義の限界を露呈させたが、制度論や政策論ではどうにもならなかった社会システムの変容が、目にみえない感染症によってもたらされたともいえる。他方で、光と影が露になり、エッセンシャルワーカーの存在に社会が支えられていることが浮き彫りになるなど、分断の諸相が労働面でとくに顕現した。

　経済が成熟した豊かさとはどのような状態なのか。本書では「地域」にクローズアップし、ポスト消費社会に顕現している地域変容のプロセスが意味するところを読み解いていきたい。地域の動きに着目すると、資本主義経済のひずみを是正するような動きがみえてくる。人口減少時代、成熟時代を迎え、これまでとは異なる定常型の地域経済モデルが求められる今、従来の生産サイドの議論だけでなく、働き方、暮らし方など生活者視点から地域の社会経済を捉えなおす必要がある。いわば、生産から組み立てられた地域経済の考え方や見方を生活者からの組み立てにリデザインしなおすことが求められている。身近な地域の社会経済のあり方を生活者視点から考えなおしてみ

ることで、地域社会経済の針路を構想する。

　そのヒントの手がかりとして、地域経済の発展と衰退はどのようにして起きるのか、まずジェイン・ジェイコブズの経済とまちづくりをみる双眼的な視点に着目し、現代につうじる視座を読み解いていくところから始めよう。

◆注
1　ロバート・スキデルスキー＆エドワード・スキデルスキー（村上章子訳）『じゅうぶん豊かで、貧しい社会―理念なき資本主義の末路―』筑摩書房、2014 年。原著名"How much is enough ?" は 2012 年にイギリスで出版され、その後 15 カ国語に翻訳、日本語訳は 2014 年に刊行された。著者のロバート・スキデルスキーはケインズ研究の権威であり、息子のエドワードはドイツ哲学者である。経済学者と哲学者の親子が、人間の飽くなき欲望に警鐘を鳴らし、個人も社会も「もう十分」と言えない状況に置かれていることに強い懸念を表している。この本の中核となるのが、父のロバート・スキデルスキーによるケインズの予言とその誤算の解釈である。
2　同上書、p.64。

目次

はじめに　3

第1部　地域経済のダイナミズムと現実 ················· 11

第1章　経済成長と多様性 ─ジェイン・ジェイコブズの双眼的視点─　13

1　都市集中と経済成長　13

2　都市の成長と産業の多様性　15

3　ジェイコブズ経済論の実証　18
   (1) グレイザーらによる実証分析　18
   (2) 経済成長の源泉　19

4　多様性と柔軟な専門化　23
   (1) 柔軟な専門化　23
   (2) 地域経済研究への広がり　25

5　経済とまちづくりの双眼的視点　28
   (1) まちの多様性　28
   (2) プロセス、帰納法、非平均的　31
   (3) 本書のテーマ　32

第2章　地域経済と雇用・働き方の変化　37

1　雇用と働き方の転換　37

2　地域雇用の構造変化　38
   (1) 製造業から内需型へ産業構造の変化　38
   (2) 内需型の非正規雇用の増加　41

3　地域経済の構造的低成長の背景　44
   (1) 所得格差の拡大　44
   (2) 賃金が上がらない構造　45
   (3) 地域経済と生産性のジレンマ　47

4　新しい働き方や起業家像　48
   (1) ライフシフトと協働型コモンズ　48
   (2) 新たな自営的就労の位置づけと課題　50

5　産業、地域、雇用・働き方の変化　51

第2部　ポスト産業都市にみる転換のメカニズム …57

第3章　ポスト産業都市にみる分断と再生　59
―新しいビジネスと共助のコミュニティ―

1　産業の空洞化と地域の盛衰　59
2　アメリカのポスト産業都市にみる分断と再生　61
   (1) 包摂のコミュニティ　61
   (2) コミュニティ開発　62
3　デトロイトにみる再生の芽　64
   (1) 破綻から再生へ　64
   (2) 都市再生とスモールビジネス　67
   (3) 社会包摂のコミュニティ　68
4　分断と包摂　71
   (1) オーセンティシティと分断のジレンマ　71
   (2) ネオリベラリズムの地域政策からの転換　73
5　再生から地域の価値を問い直す　74

第4章　イタリア・トリノにみる産業都市の転換力　79
―都市の変容プロセスとリノベーション―

1　自動車企業城下町としての都市史　79
   (1) フィアットの隆盛　79
   (2) 転換と衰退　81
2　「第3のイタリア」と「第1のイタリア」　83
3　都市再生と社会課題の克服　85
   (1) 新生トリノへ　85
   (2) 参加型政治への転換　86
   (3) リノベーション都市へ　88
4　都市再生とスモールビジネス支援　91
   (1) スタートアップ支援　91
   (2) デザイン振興　93
5　社会包摂型のコミュニティ支援　94
   (1) 移民や貧困層の起業支援　94
   (2) リノベーションによるコミュニティ開発　96
6　「食」「観光」「文化」のブランディング　97
7　産業の由来、リノベーション、コミュニティ開発　100

第3部　地域の変容からみえる価値の顕現 ……………103

第5章　産業、生活、文化の総体としてのまち　105
―生産・技術から消費・文化へ―
1　表象の集合体としての地域　105
2　「公」と「私」にみる都市思想　106
3　「柔らかい個人主義」と田園都市国家構想　109
　(1)「柔らかい個人主義」の現代的視座　109
　(2) 田園都市国家構想　112
4　京都・西陣にみる産業・生活・文化の変容　115
　(1) 職住一体の生産地区の変貌　115
　(2) 地域産業・生活・文化が混じる多様性　119
5　生活的景観の価値　121

第6章　田園都市の産業と文化にみる「地域の価値」　127
―京都府・大阪府境の山崎の例―
1　保全か開発か　127
2　田園都市の山荘のリノベーション　128
　(1) 山崎を彩る産業と文化　128
　(2) 趣味から文化を突きつめた実業家　130
　(3) 開発反対から山荘復元へ　132
　(4) 山荘を美術館として再生　133
3　サントリー山崎蒸溜所　135
　(1) 100年前に建てられた蒸溜所　135
　(2) 山崎でのウイスキー誕生　137
　(3) 現在の山崎蒸溜所　139
4　産業の由来と文化醸成のアイデンティティ　140
5　田園都市を揺るがす開発　142
　(1) 農地・緑地と住宅地の共存　142
　(2) 地域創生、人口維持と開発のジレンマ　145
6　持続可能な田園都市とは　147

第4部 分散への潮流と持続可能な地域への手がかり……151

第7章 分散型社会と地域の受け皿　153

1　分散への潮流　153

2　田園回帰の状況　155
　(1) コロナ禍前の人口移動の特徴　155
　(2) 定住増加地域の特徴　159

3　分散型社会と働き方の変化　162
　(1) サテライトオフィスの増加と分散政策　162
　(2) ライフシフトと自営的就労の兆候　164

4　地域の受け皿としての空き家活用 ―いんしゅう鹿野まちづくり協議会―　167
　(1) 空き家を地域資源に　167
　(2) 時間をかけてつないでいく　169

5　分散型社会と地域の受け皿　171

第8章 持続可能な地域へのリデザイン　175

1　拠点開発の限界　175
　(1) 地域開発の理論と現実　175
　(2)「公」のコスト論　177

2　「私」「公」「共」と「互酬性」をめぐる議論　180
　(1) 補完の原理　180
　(2)「共」と互酬性　183

3　ポスト資本主義における地域経済のリデザイン　186

あとがき　189

参考文献　193

索引　201

第1部

地域経済の
ダイナミズムと
現実

1

第1章

経済成長と多様性
―ジェイン・ジェイコブズの双眼的視点―

1　都市集中と経済成長

　都市への人口集中と工業化が進んだ 20 世紀。農山村から都市への人口移動、近代的技術を導入した工業化、社会資本の整備を伴いながら、都市は経済発展を遂げてきた。とくに日本では戦後、中小企業が多く生まれることによって、経済的にも社会的にも都市を下支えしてきた。都市では雇用機会が創出されることにより、農村の余剰人口を吸収しながら人口を増やしてきた。

　それではなぜ、産業の都市集中が経済成長の原動力と考えられてきたのだろうか。

　都市や地域に企業が集中し、それらが成長していく過程で問題にされるのが「外部経済」である。産業の地域集中についての考察をおこなったのが、経済学の父とされるアルフレッド・マーシャルであり、1890 年刊行の『経済学原理』で明らかにされた。マーシャルは、経済を「外部経済」と「内部経済」に区分した。内部経済として企業などの閉じた場での生産活動をあげ、一方、外部経済が働く場として、特定地域への特定産業の集積に注目した。産業全体の規模が拡大することにより、費用低減・収穫逓増が起こる産業の発展とその都市集中のプロセスを描いた。

　まず、ある産業がある地域に立地することを選択することから始まる。次

に、機械、生産工程、事業経営などの発明や改良がおこなわれる。それにより地域内で知識の波及がみられる。さらにその過程で近隣の補助産業が発達してくる。すると、道具や原材料供給のインフラが整備され、地域にあらゆる産業が集積し、都市化が進むことになる。さらには、高価な機械の利用機会や特殊技能をもった労働者が、ある地域に集中することにより、特化した「分業」が形成されるとした。

経済学の始祖であるアダム・スミスも「分業」に注目した。アダム・スミスが『国富論』で取り上げた「ピン生産」の加工工程の例は、経済学の教科書によく登場する有名な例である。鉄線を伸ばし、まっすぐにし、それを切断し、先を研ぎ、ピンの頭を付けるといった工程がそれぞれ別の人間によって担われることにより、1人ですべてを担うよりも効率的な生産が可能になると説明される。10人で分業すれば1日で4万8000本のピンを作ることができるが、1人で作ろうとすると日に20本も生産できないだろうとしている。社会のなかで分業が進めば、市場経済の基本である交換も成立する。

経済学者が注目してきたこのような「分業」や「外部経済」の議論は、その後も独自の深まりをみせていくことになった。とくに、技術の普及をとおして知識も波及していくというロジックは、経済学のなかでは「学習理論」の系譜に連なっていく。学習理論は、新古典派経済学のなかで1980年代から1990年代にかけて活発に議論されてきた領域である。経済学でいう「学習」とは、生産の現場に関わる技術ノウハウが生産効率を上昇させるプロセスと位置づけられる。

たとえば、村上奏亮（1992）は技術進歩が費用を低減させるメカニズムを次のように説明している。20世紀の経済学を代表するケネス・J・アローの学習理論は、技術進歩を連続した累積値モデルとして捉え、自動的に費用曲線を下方にシフトさせるとした。こうした学習効果によって、事後的に限界費用が低減（収穫逓増）する。また、それは生産量の累積値関数であるから、歴史的時間によって決定される動態の軌跡として表されるとした。

その後、学習理論を継承発展させたポール・ローマーは内生的成長モデルを構築した。ローマーは、外部経済による知識波及は成長を促すが、独占的

に一つの部門での人的資本蓄積が増大することにより、成長のペースはより加速するとし、その部門で技術革新が起こる時に技術変化が次々に波及していくことを理論的に説明した（Romer 1990）。ローマーらによる内生的成長理論は1990年代の経済学を席巻し、経済成長論を大きく進展させることとなった[注1]。

　マーシャル、アロー、ローマーらは、地域内での競争はむしろ成長を阻む要因であり、独占的な地域集中化が外部経済を内生化していくことで都市自体が成長すると解釈している (Glaeser, Kalall, Sheinkman and Shleifer 1992)。しかし、実証主義の都市経済・地域経済の研究者らからはローマーらの議論は必ずしも支持されてこなかった。アメリカの都市研究をリードするグレイザーらの研究グループは、このマーシャル、アロー、ローマーの系譜をそれぞれの頭文字を取って「MARモデル」と名付け、MARモデルに代表される新古典派経済学の経済成長に関する見解について批判的に検討し、都市経済論に大きな影響を与えた。以下、詳しくみていきたい。

2　都市の成長と産業の多様性

　アメリカの都市研究をリードしてきたグレイザーらの研究グループは、都市の産業構造の多様性に着目し、経済成長との関係を実証した。とくに、グレイザーたちはジェイン・ジェイコブズが指摘した都市の多様性の見方を重視し、都市の多様性と成長の相関関係を全米170都市について調べた。そのなかで、1956〜87年にかけての成長率が最も高かった5つの都市と、最も低かった5都市との比較をおこなった。後で詳しく紹介するように、地域内の産業が多様化している都市ほど成長しているという結論を得て、多様性のある都市ほど成長するということを実証した。ジェイン・ジェイコブズの議論を実証分析から裏付けた点が興味深い。

　よく知られるように、ジェイコブズは、都市は多様な産業が相互に刺激し合いながら成長するという独自の見方を掲げた。ジェイコブズは2冊の書

"*The Economy of Cities*" (1969) (『都市の原理』1971年) と "*Cities and the Wealth of Nations*" (1984) (『都市の経済学』1986年、新訳『発展する地域 衰退する地域』2012年) において、都市の成長、繁栄、衰退のメカニズムを古今東西の都市の歴史から明らかにした。そして、世界各国、あらゆる年代や事象の都市の成長と盛衰を調べるなかで、「輸入置換」できる都市、「輸入代替都市」こそが発展する都市であるとしたのであった。

それは、R. ヴァーノンが1960年代に展開した「プロダクト・サイクル論」(The Theory of Product Cycle) の議論を都市・地域レベルに置き換えたものに近い。ヴァーノンは開発経済学の祖ともいえ、アメリカの多国籍企業の対外直接投資行動を元に、一国の経済発展段階を理論化した。第一段階である新産業の導入期には、国内市場の開発が中心的課題となる。ヴァーノンの言葉では新製品の段階と位置づけられる。続く第二段階の成長期には、国内で売り上げが伸びる一方、発展途上国に向けて輸出が拡大する時期であり、成熟品の段階である。そして第三段階は、輸出先である発展途上国が低賃金を武器に競争上有利な地位につく時期であり、先進国の企業は海外に直接投資し現地生産をおこない、商品はその国から輸入する段階に移る。製品は標準品の段階に至る。プロダクト・サイクル論は各国間の技術格差と賃金コストの違

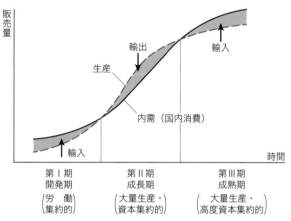

図1・1　プロダクト・サイクルと輸出入
出典：日本経済新聞社 (2015) 図6・1より作成

いに注目し、一国の発展を工業生産の輸入・輸出メカニズムから論じたものである。

　ジェイコブズは、直接にはプロダクト・サイクル論について触れていないものの、輸入代替都市の議論は都市・地域のプロダクト・サイクル論とみなせるくらいに類似している。しかし、一国ではなく都市の発展過程を論じた点に新規性がある。ジェイコブズは古今東西、あらゆる都市の成長と衰退のメカニズムを描き、都市が内在している「輸入代替」の力に光を当てた。他地域から輸入していた製品を自前の技術で代替生産し、さらに内需を満たすだけでなく他の地域に輸出することができる都市を評価し、それを「輸入代替都市」と呼んだ。輸入代替都市は多様な経済活動を生み、都市・地域を持続発展させていく重要な要素としている。

　一国の経済成長モデルと同様、都市も発展途上の段階では、多くの商品を他都市から輸入している。その輸入品を都市で代替的に生産することが可能になれば、経済発展に踏み出すことができる。都市での需要創出、近隣都市への波及、他都市への輸出へと発展していく。逆に、豊かな商品であふれている都市であっても、自前で何も生産できない都市は滅びていくことを示した。なかでも、ある中東都市の例が興味深い。その都市の人びとは燃料を輸出し、その資金で得た金品財に囲まれ豊かではあるが、刃物の一つも生産できない様子が描かれている。生活に困らないほどの消費財に恵まれていても、それを自前で創り出す産業体制と柔軟性がなければ経済としては脆弱であることを示唆している。それは、コロナ禍の初期において、非常時の医療用品・マスク等の需要に対応できなかった日本経済の現実ともリンクする。

　さらに、ジェイコブズは専業化した単一的な生産物を作り続ける都市よりも、多様性を持つ都市のほうが、古い活動に新しい活動が追加される機会が多く、同時にそれが成功するための多くの試行錯誤を必要とすることから、「実験室」を多く抱え込んでいるといった具合に、生み出せる財貨やサービスが多数あるとしている。産業の多様性があると、いくつかの新しい仕事を生み出し、それがまた分かれるような追加的な仕事が起こり、分業によってさらなる分業が増殖していくとした。

ジェイコブズは、都市成長の原動力の担い手として中小企業の役割を評価した。イギリスの労働経済学者であるロナルド・ドーアによる戦後日本の農村フィールドワークの記述、アメリカの経営史家セーブルによる北イタリアの中小企業のネットワークなどの知見から、地方が輸入置換の機能を備えることによって都市化していくダイナミクスを描いた。

3　ジェイコブズ経済論の実証

(1)　グレイザーらによる実証分析

　ジェイコブズが具体例として、『都市の原理』で取り上げたのは、マンチェスターの能率とバーミンガムの非能率である。産業革命の時代であった1800年代半ば、マンチェスターが繊維産業によって近代化を果たしたのに対し、一見、バーミンガムは何によって身を立てていたか分かりかねるほど、非近代的産業が雑多に存在した。マンチェスターは紡績技術と織機技術を向上させるにつれて、生産性を高めていったが、逆に特化した都市は何も新たな生産物を開発しなかった。その後、後発地域により市場が奪われたが、マンチェスターはその補てんをすることができなかった。一方、バーミンガムは、非能率とみえた分立した小企業が、柔軟に他産業に参入するなど新しい仕事を追加していった。開発的な仕事の占める割合が高かったことから、バーミンガムはその後、経済的活力を持つに至った。

　これにより、ジェイコブズが、都市内部における成長の条件として何に注目していたのか明らかである。一つは、都市が持つ産業の多様性と成長との関係、もう一つは、産業構造の変化を可能とする新しい分業生産や新しい仕事の発生プロセスである。多様性が都市成長の原動力とする議論は、分業の効率性を扱う従来の経済学の議論を超えて、学習過程や知識のスピルオーバーなどに着目した研究に継承されていった。

　これを実際にアメリカの都市の統計を用いて実証したのが前述の都市研究者のグレイザーたちであった。グレイザーたちは、全米都市において、1956

年から 87 年にかけての成長率が最も高かった 5 つの都市の産業と、最も低かった 5 つの都市の産業を比較した。その結果、次のような特徴が見出された。

> 第 1 に、急速に衰退した都市の産業は、急速に成長した都市の産業よりも地域的に特化していた。第 2 に、産業が専門化した都市よりも産業の多様性のある都市のほうが早くに成長を遂げた。第 3 に、早く成長した都市の産業は、衰退した都市の産業よりも、従業者数あたりの創業数によって測れるような競争力があった。　　　　　　(Glaeser et al., 1992、p.1139)

ここで彼らが計測する成長率とは、統計資料の制約もあって、地域の雇用成長率と賃金上昇率である。都市の多様度の計測には、当該都市の全従業者数のうち、上位 5 位の産業に属する従業者数の割合を非多様度として、その数値が低いほど多様性がある都市（高いほど専門化した都市）とみなされる。そのうえで、都市内部での競争が雇用成長にもたらす影響について推量し、ジェイコブズの「多様性のある都市ほど成長する」という仮説を支持するかたちで結論を得ている。

> 都市の産業において、専門化すると雇用の成長を阻み、都市内での競争と多様性が雇用成長を促進する、ということを示した。この実証結果によれば、かなり成熟した都市のケースにおいてはとくに産業内部での知識の波及は、産業間での波及よりも成長にとっては重要ではないということである。ジェイコブズのモデルは、知識の伝達は追加的部門において新たなイノベーションが生まれるという点において、実証結果と最も一致するように思える。　　　　　　　　　　　　(同上、p.1151)

産業の多様性がある都市・地域ほど成長するということをグレイザーたちは実証した。ジェイコブズの議論を統計データにより実証的に明らかにしたことが注目される。

(2) 経済成長の源泉

表 1・1 は、産業発展と都市成長の源泉について、主な立場を整理したもの

表 1·1　産業発展と都市成長の分類

	マーシャル、アロー、ローマ (MAR (Marshall, Arrow, Romer))	ポーター (Porter)	ジェイコブズ (Jacobs)	フロリダ (Florida)
外部経済・知識波及の発生源	関連産業内		他産業から	新産業・創造産業
都市成長を促す要因	専門化		多様性	
地域企業の形態	地域内独占	地域内競争		エコシステム
価値創造の源	外部経済の内部化	模倣と改良によるイノベーション	異分野の情報交換	3つのT (Technology, Talent, Torelance)

出典：Gleaser, Kallal, Scheinkman, Shleifer（1992）を参考に加筆作成

である。共通点は、都市や地域の成長を外部経済による経済波及や知識伝播の過程で生み出される現象として捉えている点である。しかし、その発生源や要因、企業形態や学習過程についての捉え方には差がみられる。とくに、外部経済の発生源と地域成長を促す要因にかんして見解が異なる。競争企業間で相互の刺激が学習機会を生むとしている点は共通であるが、新古典派のMAR（マーシャル・アロー・ローマー）やマイケル・ポーターはそれを同一産業内部での事象と捉えるのに対し、ジェイコブズやグレイザーらは異業種間の情報のやりとりが重要であるとみなしている。

　新古典派のMARの理論は、地域内での競争はむしろ成長を阻む要因であり、独占的な地域集中化が外部経済を内生化していくことで都市自体が成長するとしている。異業種間の外部経済を、マーシャルをはじめとした新古典派の系譜が想定しなかったのは、「規模の経済」は関連産業の市場において効果を発揮するという仮定に立つからである。

　関連産業での外部経済に注目している点で、MARと同じくマイケル・ポーターも地域成長を促す要因を特定産業への専門化にあるとした（ポーター1999：原著1998）。ポーターは、立地の重要性を反映させる基盤として「クラ

スター」を概念化した。クラスターは、特定分野における関連企業、専門性の高い業者、サービス提供者、関連業界の企業、大学や業界団体などが地理的に集中し、競争しつつ同時に協力している状態を指している。たとえば、カリフォルニアのワイン・クラスターがあげられているが、ワイン製造とブドウ栽培を補完する組織として、大学の研究所やレストラン産業などが含まれる。1990年代後半から2000年代半ばにかけて、日本の地域産業政策でも「クラスター政策」が打ち出され、新産業を地域レベルで創出、育成していくためのネットワークづくりがおこなわれてきたことは記憶に新しい。

　さて、ポーターの議論の特徴は、地域内の企業形態をMARは独占的に捉えるのに対して、ポーターは地域内での競争がよりイノベーションを進化させるとした点にある。すなわち、クラスターが競争に与える影響としては、①クラスターを構成する企業や産業の生産性の向上、②企業や産業がイノベーションを進める能力を強化することにより生産性の成長を支える、③イノベーションを支えクラスターを拡大するような新規事業の形成を刺激する、とされる[注2]。地域内での競争過程が都市そのものの成長を促すといったことから分かるように、想定されるのは小規模企業である。

　ジェイコブズはポーターと同様、都市成長の原動力の担い手として小企業の役割を評価しているが、都市成長を促す要因を専門化とみるか多様性とみるかで大きな違いがある。その点、リチャード・フロリダはジェイコブズと同様に産業の多様性と共に創造性が都市成長を促すと捉えている。フロリダはクリエイティブ・クラスに着目し、創造都市を形成する主体と捉えた。企業の競争よりも相互作用による創発性を重視し、クリエイティブ・クラスのエコシステムが重視される。価値創造の源泉については、ジェイコブズ同様、集積のメリットを評価しつつ、高い技術（Technology）、才能（Talent）、寛容性（Torelance）といった三つのTを価値創造の源泉としている。しかし、フロリダはその後、言説を改めていくようになる[注3]。アメリカ都市での格差が深刻になり、創造階級が技術革新や生産性を上昇させ都市経済をけん引すると考えていたが、一部地区の不動産価格の上昇を招き、労働者にトリクルダウンが起きるどころか格差は世代を超えて再生産することになった[注4]。誰にでも

成長と繁栄を享受できる包摂的な都市モデルを考えることが喫緊の都市政策の課題となったとしている。

　以上、産業発展と都市成長の関係性についての理論を総括してみると、地域経済の発展と衰退のダイナミクスをさまざまな事例から論じたジェイコブズは、輸入置換ないし輸入代替と多様性をキーワードに地域の経済発展の本質を見抜いたといえる。グレイザーらの研究は、多様性のある都市ほど成長し、単一産業に専門化した都市ほど衰退するということを実証し、ジェイコブズの論を補強した。

　なお、日本では、ジェイコブズ経済論については、塩沢由典が解釈を補強し、まちづくりや都市計画の文脈のみで捉えられがちだったジェイコブズを経済学の俎上に乗せた。塩沢はジェイコブズの議論からとくに需要創造の重要性に着目した。都市が持続的に成長するためには、生産性の伸びと、新しい需要の創造の二つの条件が不可欠であるとし、輸出や輸入は短期的には需要創造に代わる効果をもつが、それには限界と不確実性が伴うことを指摘した注5。

　不確実性は急速なグローバル化と密接である。グローバル化の影響によって地域の産業がいったん空洞化してしまうと、輸入代替のみに頼る経済は停滞や衰退に陥る危機をはらんでいる。輸入代替や輸出収入は、都市の経済発展の結果であって目標ではない。社会や経済の変動に合わせ、柔軟に需要を創造しうる都市や地域が生き残っていくのではないか。ジェイコブズの時代は、モノの経済が優位だった。しかし現代はより広く需要創造を捉え、社会課題の克服や文化の創出・継承など非物質的な生産も含め、地域の経済を理解していくことが必要になっている。さらには、フロリダの転向にみられるように、格差や新たな分断、社会包摂を含めて地域経済の盛衰を捉えなければならない時代にある。

4 多様性と柔軟な専門化

　地域の経済発展のメカニズムにおいて、輸入していた財を自前で輸入代替
し、地域に新しい産業を生んでいくなかで都市は経済成長していく。ジェイ
コブズは一国の経済発展と同様に都市の経済発展のメカニズムを描いたが、
多様性が都市の経済成長に影響を及ぼすという見方はさまざまな地域発展の
調査研究が根拠となっている。その支柱となったのは労働社会学者のロナル
ド・ドーアによる戦後直後の日本の都市近郊農村の研究や経営史家セーブル
らのアメリカやイタリアの地域産業調査であった。経済の成長期から成熟
期・定常期に転換するなかで、その後、どのようにこれらの議論が深まりを
みせてきたのか振り返っておきたい。

(1) 柔軟な専門化

　大量生産の時代には、大企業を頂点にした組織が形成され、そのもとで中
小企業の分業が発展していく。いわゆる「規模の経済」が発揮される。けれ
ども需要が飽和したり、低コストの地を求めて生産拠点が海外に移行するな
ど、産業経済は常に移ろいでゆくものである。ポスト大量生産の時代に入る
と、規模の経済によるメリットは薄れ、中小企業やスモールビジネスが主体
性をもってネットワークを構築し、新たな産業経済システムのかたちが立ち
現れてきた。

　それを、アメリカ経営史の専門家であるピオリーとセーブルは「柔軟な専
門化」(flexible specialization) と名付けた。彼らはその歴史的著書『第二の産業
分水嶺』(1993：原著 1984) のなかで、1980 年代のアメリカ経済の危機を分析
し、この原因を大量生産に基づく産業発展モデルの限界によるものだと主張
した。当時、「日本の奇跡」とアメリカでも称賛されるほど日本の製造業や輸
出が好調であったのに対し、アメリカは財政赤字と貿易赤字の「双子の赤字」
に悩んでいた。つまり、世界を見渡せば、「危機」と「成長」、二つの相反す
る国家と経済戦略が存在していたという背景がある。

アメリカではフォーディズムの大量生産体制の危機が蔓延化していた一方で、日本では中小企業の分業を背景にして多品種少量生産を実現していた。柔軟な生産体系、多品種少量生産を可能にしたのは、コンピューター制御の工作機械が普及したことが大きい。1970年代に誕生し、1980年代に普及していった小型のコンピューター制御の工作機械は日本のものづくりの現場を支えてきた。1970年代以降の工作機械市場は、不景気による生産体制の合理化を背景にして広がりをみせ、新たな需要と供給との接合を促していったとされる。とくに技術発展史からみて、コンピューターとクラフト的生産が結びついたことの意義は大きく、多品種少量生産へのニーズが高まることによって、その威力が発揮されるようになった。

　日本のものづくりは輸出に支えられていたが、小型の工作機械の買い手は輸出市場に存在していたのではなく、国内中小企業が多品種少量生産の実現のために購入した。また、工作機械業界そのものも、専門的に細分化され、多くの部品供給業者によって構成されていた。需要と供給双方が業界内に存在していたのである。こうして中小企業が過去の大量生産の時代に身につけた環境変化への対応や、政策支援がなされた研究開発が相まって、経済システムの柔軟性が生み出されたのであった。新たな需要創造と生産性向上のメカニズムがみられた。

　また、ピオリーとセーブルは、中小企業のネットワーク活動によって支えられている「柔軟な専門化」は、生産と消費のつりあいを調整するシステムと位置づけた。彼らは柔軟な専門化は調整機構をもつが、一方で二つのジレンマが備わっているとした。一つは、競争と協調の折り合いである。もう一つは、集団全体にとっては必要であるが、個々には生産できないような資源をどう再生するかということである。その双方を解決するためには、地域において生産活動をコミュニティの活動と合体させる取り組みが必要となる。つまり、ある産業地域が発展を持続させるか、あるいは退化するか、その分岐点は生産と消費のつりあいを確保しうる制度、すなわち調整機構（regulatory mechanisms）が重要であるとし、産業地域に「柔軟な専門化」が存在するか否かが、その地域の発展において決定的であるとした。

ピオリーとセーブルは、大量生産体制と柔軟な専門化体制を対置させることによって、生産体系の新たなパラダイム転換を求め、アメリカの経済再建の道を見出そうとした。そして今や、ポスト大量生産体制に、新たな資本主義の要素を見出すという視点は、広く地域経済論や産業論に浸透している。成功例として取り上げられた日本は「柔軟な専門化」や「フレキシビリティ」が働く経済システムを持つとみなされるようになった。「柔軟な専門化」「フレキシビリティ」は海外から指摘された日本的特質ともいうべきかもしれない。また、現代資本主義の矛盾から新たなオルタナティブを求めるなかで、ポスト・フォーディズム論の説明要因となった。

(2) 地域経済研究への広がり

　1980 年代は日本の経済システムが世界的にも注目を集めた時期である。なかでも、中小企業ネットワークは他国にはない日本の特質として指摘されるまでになっていった[注6]。地域経済のダイナミズムは起業が生まれやすい土壌があるかどうか、小企業が有機的にどのようなネットワークを築いていくかが重要なポイントとなる。

　「柔軟な専門化」や「フレキシビリティ」と地域経済を結びつけて論じた A. サクセニアンは、地域経済における起業のダイナミズムに焦点を当てた。彼女は『現代の二都物語』(1995：原著 1994) において、地域経済を産業システムとして捉え、ボストン近郊のルート 128 と西海岸のシリコンバレーを比較し、産業が適応していくための地域的要因を分析した。ルート 128 では先行して IT 企業や新産業の起業が相次いだにも関わらず、後発のシリコンバレーで新たな産業が生まれ、産業がダイナミズムをもって創造されていった要因を実態調査から描き出した。

　このように、産業集積は企業間が空間的に近いといった費用逓減の要素以外が重要なことが明らかにされてくる。サクセニアンは、地域の組織や文化、産業構造、企業の内部構造といった三位一体の特性を捉え、シリコンバレーの変化への適応のプロセスとそれを可能にした制度的枠組みを明らかにした。彼女はピオリーとセーブルの議論に影響を受け、アメリカの東西 2 地域の盛

衰を鮮やかに比較したのであった。分業による経済効果だけを産業集積のメリットとせずに、地域の組織構造や文化面の重要性を指摘し、産業集積のメカニズムを実証した。

　日本の地域経済研究にも大きな影響を与えた。ピオリーとセーブル、サクセニアンらによる地域の盛衰に関する議論は広く受け入れられ、1990 年代から 2000 年代にかけて「柔軟な専門化」に立脚した研究が多く生み出されていった。また、地域経済論や産業論を超えて、比較制度分析にも影響を与えた。各国の異なる制度・慣行により、経済システムのあり方も異なる。青木昌彦に代表される比較制度分析では、経済主体が価格という媒介物をつうじた「市場」だけでなく、情報を媒介して諸活動をコーディネートする「組織」に注目した。そして、経済主体間の情報処理活動の分布を「組織アーキテクチャ」と呼んだ。2000 年代に入ると、青木はピオリーとセーブルの議論に影響を受け、産業集積も一つの制度生成の場と捉えるようになっていく（青木 2001）。新たな組織アーキテクチャの観点から産業集積が類型化された。産業集積を「準組織アーキテクチャ」とみなし、「新古典派の価格メカニズムにおけるよりも、より濃密な情報交換によって結合した企業クラスター内部」と定義した[注7]。「柔軟な専門化」は、地域産業分析にとどまらず、各国の異なる制度や慣行を比較する際にも有効な説明要因として注目された。

　しかしながら、ピオリーとセーブルの「柔軟な専門化」は「失われた 30 年」を経て、その含意はかなり変化してきたといえる。グローバル化が進み、フルセット型の産業構造は崩れ、貿易構造が大きく変わった。日本のものづくりを中心とした産業地域の経験は、グローバル化、IT 化のなかで枠組み自体が大きく変化した。柔軟な専門化の議論では、中小企業のクラフト的生産を前提にした分業という論理の延長線上で、地域そのものの自律性と内部のネットワーク性に光が当てられてきたが、産業が空洞化し、グローバル分業が定着した。グローバル化などの環境変化と共にローカルで生産することの意味も変わり、企業間の分業と地域コミュニティの関係を経済面だけでなく社会面から広く捉えなおす必要が生じている[注8]。

　ピオリーとセーブルは各国の多彩な産業地域（industrial districts）を取り上げ

た。いずれも伝統ある地場産業地域でありながら自律性を持っている地域である。たとえば、リヨンの綿工業やシェフィールドの刃物製造業を例とする地域生産共同体、日本のゆるやかな企業連合体、労働者の団結が強固な「第3のイタリア」、アメリカの例においてはボーイング社やジェネラル・エレクトリック社のもとに存在する協力者としての自律した下請企業。彼らが例として取り上げたこれらの産業地域は、地域共同体であり、外部からの参加や圧力を制限している地域ともいえる。これは彼らが個人主義を超える「相互扶助」に親近感を示していることからも明らかである。つまり、熟練技能者や労働者の権力への配分が重要であり、それを保証する組合が産業地域のモニタリング機能として位置づけられている。地域の一体性かつ自律性がアプリオリに柔軟な専門化体制の前提とされているともいえる。

　日本の産業地域に当てはめるならば、下請から自立に向かい、ゆるやかな結びつきをもつ産業都市や産地であろう。だが、柔軟な生産体制がみられる産地や地域でも、グローバルなものづくり環境の変化を受け、危機に直面していったところは少なくない。実際、多くの産地は衰退した。彼らの主張によれば、価格メカニズムによる調整は資源配分の役割のみしか果たさないとされるので、コミュニティ内部での競争と調整がきかなくなると地域産業が衰退するとみている。外部の環境変化だけでなく、内部の制度や組織が地域経済の盛衰において重要であるとしたところにピオリーとセーブルの主張がある。

　地域経済の盛衰をみるうえで、ピオリーとセーブルの「柔軟な専門化」は地域に根付いた産業が培ってきた自律性や相互扶助に光を当てた点で注目される。市場メカニズムだけでは説明できない産業の持続可能性を解き明かした。それは日本の地域産業分析と親和的であり、「柔軟な専門化」は地域産業の特性を描き出す理論的素地にもなっていった。ジェイコブズの多様性が輸入代替を生むメカニズムと共に、ピオリーとセーブルの「柔軟な専門化」も地域の変容を産業の盛衰から捉える視座を備えている。

5 経済とまちづくりの双眼的視点

(1) まちの多様性

　長く経済学において外部経済は産業集積を形成し、地域経済の競争力を高める基盤であると考えられてきた。専門化した工程を柔軟に組織する分業関係、産業集積を技術面で支える基盤的技術の存在、多様な企業が集積することによるイノベーションの創出活動など、産業集積の機能は多様である。ジェイコブズは産業の多様性に着目し、その多様性が「輸入代替」を生む基盤になり、さらに都市成長の原動力ともなっていくことを古今東西の地域の盛衰の事例から描き出した。地域経済学の分野ではジェイコブズの論を実証するような研究が重ねられてきた。

　しかし、ジェイコブズの隻眼は地域経済のメカニズムをみるうえで産業の多様性や輸入代替に着目しただけでなく、都市の多様性を生み出す条件として公共空間が持つ可能性にいち早く注目していたことにある。当時からまちづくりと地域経済の双方の視点を持っていた。ジェイコブズが地域経済に着目する前、第一作目の『アメリカ大都市の死と生』では都市固有の魅力、都市空間の公共性に光を当てていた。人が交わり、商業活動がおこなわれ、古い建物が混じり合い、防犯機能の作用など、それは出版から半世紀以上を経た今でも古びない。有名なのは以下の「四つの条件」である。都市やまちの多様性を創出する、コミュニティ活性化のハード条件として四つをあげた。

　① 「混合一次用途の必要性」

　　地区は、一つの要素だけでなく、二つ以上の機能を持つことが望ましい。なぜなら、同じ用途、同じ時間の利用にとどめるのではなく、一次用途と二次用途を組み合わせて、別の時間に別の人びとが来る仕組みをつくれるからだ。ジェイコブズが例にあげているのは、ウォーターフロントである。船着き場として船を停泊させておくだけでなく、展示用の船舶やおもしろい船を常時停泊させて海洋博物館を設置し、シーフードレス

トランや関連のアトラクションを配置したらよいなどと提案している。

② 「小さな街区の必要性」

街区は短く、街路や角を曲がる機会が頻繁にあるほどよい。ルートの選択肢が増えることによる効用は大きい。毎回、違うルートを歩くことができるし、商業にとっても多様な人びとと出会う機会が増える。複雑な交錯の機会があるからこそ、多様性が生み出される。

③ 「古い建物の必要性」

古い建物が地区に混在している必要がある。古い建物の経済的な価値は時間によって作り出される。年月が必要であり、それ自体、価値が高い。そして、新しい建物の多様性を生み出すためにも古い建物との混合が求められる。

④ 「密集の必要性」

人が密集することによって、多様な人びとがゆるやかにつながり、都市の活力となる。それは都市の資産でもある。

以上の四つが都市の多様性を生む条件とされた。当時の開発主義の都市計画だけでなく、さらにさかのぼってエベネザー・ハワードの「田園都市論」をも真正面から批判した。自然と都市の共生を提唱した「田園都市論」は、イギリスのレッチワースをはじめ、日本にも導入され、世界的な広がりをみせた都市構想である。それは、人が働く場と、住む場を分離するはじめての実験的構想であったといえ、20世紀の都市計画思想の基盤となった。秩序だって工場や学校、ショッピングセンター、コミュニティセンターを配置し、自然と住区の近接性を人工的に作り出す計画であった。産業革命が進んだイギリスの都市では、人が住む環境を計画的につくる必要にせまられた。田園都市構想は、住区に自然を取り戻し、また科学的にそれを成し遂げるという点において画期的な構想であった。日本においても100年以上前から、鉄道の発展と共に形づくられてきた。

近代都市計画の原型ともいえる田園都市計画であるが、ジェイコブズは人口と建物を不自然な形で配置すること自体を否定した。官僚的な操作により、

人びとの流れや経済活動を生み出すことの不自然さを説いた。そして、単一ではない多様な用途の建物や空間、小さい街区、古い建物が混じり合い、人が密集することにより、都市の多様性が生まれるとした。いわば自然発生的な民間ベースのまちづくりを許容した。

　半世紀以上を経て、さらにコロナ禍のパンデミックを経験した今、ジェイコブズが示した四つの条件は、当然ながら現代の都市にはそのまま当てはまらない。密集するまちづくりは回避される時代に入り、リモートワークやオンラインでの交流や消費活動も浸透しつつある。しかし、ほか三つの要素、混合一次用途、小さな街区、古い建物の活用は現在のまちづくりにも通じる視点であり、むしろ人口減少時代のコンパクトなまちづくり思想により適合した概念になりつつある。ジェイコブズの考えは都市計画やまちづくりの分野では浸透し、世界的に普及している。最近では、歩けるまちづくり、気候変動問題に向き合う新たなまちづくり思想「15分コミュニティ」にジェイコブズの都市思想が受け継がれている。

　コロナ禍を受け、世界的な都市政策として注目されるのが「15分シティ」「15分コミュニティ」（15-minute city）である。気候変動問題を都市レベルで解消することを目的に世界各国で関心が高まり、コロナ禍で人びとの行動範囲が小さくなることにより実効性を高めつつある。

　リモートワーク、テレワークが浸透し、職場に出向かなくてもよいワークスタイルは暮らしやまちのあり方にも変化を与えている。歩くか、自転車に乗って15分ほどか20分ほどで、すべての生活、仕事のニーズが満たされる地域の範囲が想定される。買い物や娯楽など生活機能が揃う範囲がイメージされ、職場もその圏内におさまればより理想的とされる。

　都市連合組織「C40 Cities」ではパリ協定をローカルレベルで推進し、健康的で持続可能な地域づくりを目指している。加盟都市には15分コミュニティを標榜する都市が多く、市民だれもが家から徒歩や自転車で移動できる範囲で、健康で豊かな空間、暮らしの大半のニーズを満たすことができるコミュニティの実現を掲げている。「C40 Cities」は2022年9月現在、パリ、ミラノ、バルセロナなど、世界97都市のネットワークで形成されている。15分コ

ミュニティの議論を先導するカルロス・モレノはジェイコブズをベースにこの新たな都市思想を展開している。

(2) プロセス、帰納法、非平均的

　最後に、もう一つ、ジェイコブズの思想で現代に生きる視座に触れておきたい。彼女は、都市内部でのダイナミズムを単純化して捉えてはならないとした。複雑な事象を複雑なまま捉える必要がある。田園都市計画を唱えたハワードが都市を「住居の数」と「仕事の数」といった2変数で捉え、都市を閉じたシステムに押しとどめたことに対して強く反発した。当時、田園都市計画の新しさは、都市をシステマティックに科学的に解釈した点にあったが、都市を単純化して捉えるべきではないとし、彼女は都市を「複雑性の問題」と捉えたのであった。この点、改めて彼女の直感的な先見の明に驚かされる。なぜなら、複雑系の科学が学問で議論の俎上にのぼったのが1980〜90年代であり、それよりも20年以上も早く、「複雑性」に注目していたからである。

　ジャーナリスティックな記述を重ねていたジェイコブズであるが、科学的にも先見性を備えていた。『アメリカ大都市の死と生』の最終章「都市とはどういう種類の問題か」で、彼女は科学思想家のウォーレン・ウィーバーの小論を長く引用している。ウィーバーは、科学思想の歴史を、第一段階として単純な問題を扱う能力、第二段階としてまとまりのない複雑性の問題を扱う能力、第三段階として組織立った複雑な問題を扱う能力、と3段階を挙げている。17世紀から19世紀まで、物理科学は、2変数の問題に代表されるように単純な問題を扱ってきた。20世紀になると、第二段階に入り、膨大な変数を持ちながらも、確率論と統計学によって科学を発展させてきた。そして、組織立った複雑性の問題がまだ手つかずであるとした。それは、まとまりのない複雑な問題と違って、すべては相関し合っているが、一つの有機的な統一体をつくっており、同時に相当数の要素を扱う必要がある問題である。

　ジェイコブズは、田園都市計画や都市計画論者たちが都市を単純な問題と認識していることを批判した。そして、ウィーバーが示した生命科学の複雑さの問いと同じように、都市にも複雑性の問題が内在しているとした。多様

性にも通じる視点だが、開発主義の均衡ではなく、プロセス重視の自立分散が働いているとみている。そのうえで、都市や地域を理解するうえで以下の視点を提示した。

- プロセスを考える
- 一般から個別事象へ、ではなく、個別事象から一般へと帰納法的に考える
- ごく小さな量からくる「非平均的」なヒントを探して、それがもっと大きくてもっと「平均的」数量が機能する方法を明かしてくれないかを考える

　個別事象や非平均的な現象に着目しなければ、プロセスの本質がみえてこない。都市や地域で起こるプロセスは学問として客観的に捉えづらい。しかし、学問への批判が舌鋒鋭いジェイコブズが複雑系に着目しているのが興味深い。生命科学で論じられつつあった複雑系をまだ一般学問となる前に持ち出し、自身が観察してきた事象とすり合わせた視点は先見性の高さを示しているといえる。

　この三つの視点は、都市や地域の変容を動態として捉える見方につながる。プロセスを重視する、個別事例から一般への帰納法、小さな非平均的な事象を重視するジェイコブズ的発想は、古びず現代こそ重要となりつつある。人口減少やグローバル化による産業の空洞化に伴い、経済の盛衰を捉えるだけでは、地域変容のダイナミクスをみることができない。経済や産業の衰退と共に雇用問題、社会課題の解決にアプローチする地域レベルの取り組みを丹念に追っていく必要がある。それは非平均的で個別の事象であるが、衰退から再生に転じる過程である程度、地域に共通してみられる。

(3) 本書のテーマ

　地域は、自然、歴史、文化、産業、暮らしなど市民の営みの舞台であり、時代を超えて継承されてきた。市民の精神生活における表象の集合体ともい

える。まちを彩る小商いや人の顔がみえる営み、家の形式や並び、伝統を生かした空間、田園の集落など、わたしたちが美しいと思うまちは、都市であれ、地方であれ、自然と空間と人間が排他的関係になく共存したものである。地域を維持していくには、地域の自然風土や文化を根底に据えることが求められる。

　他方、地域経済を支える産業、とくに工業や製造業は風土や文化、景観などとの関わりから論じられることは少なく、むしろ自然や文化に対置して捉えられてきたふしがある。急速な経済発展、社会的資本の整備は都市や地域の姿を大きく変え、同時に発展の限界をも露呈させてきた。地域は経済的色彩を強め、自然風土や伝統的な住空間のうえに近代的な建造物の上書きがされていった。その結果、風土や風格がなくなり、調和がとれないままに置かれている。人口減少も重なり、閑散とした地方都市、シャッター通り商店街、ロードサイドの大型チェーン店やランダムなマンション開発など、地域の個性がかき消されてきた。経済的な成長は遂げながらも、短期に盛衰し、地域の持続性を失いつつある。では、地域を持続させる要件は何なのか。

　産業やその歴史が暮らしに根付いた地域を追い、経済成長と地域に関する議論を洗い直し、持続可能な地域の姿、輪郭について考えてみたい。本書ではまず、産業の空洞化、脱工業化とともに、一度、衰退した地域がどのような変化をみせていくか、産業構造の転換とその内的な力学に注目する。変容のプロセスから地域持続の基準は何なのかを探りたい。これが本書の第一のテーマである。

　地域の変化、とりわけ分断や格差などの社会的課題を克服するための地域政策の基準をどう担保していくべきかが重要となる。欧米で顕著に表れているこうした事象を日本において、産業の盛衰と共に都市・地域がどう変容しつつあるのか、日本でも政策の検証やその正当性も含めた議論が課題である。それはネオリベラリズムからの転換を内発的に探る試みにつながる。産業社会がもたらした社会的課題を地域の主体が模索しながら克服しようとするなかで、地域経済やまちづくりの本質がみえてくるのではないだろうか。

　そうした再生の諸相は人口や経済指標などデータの変化で表されるもので

はなく、社会、経済、町並みや文化面でどのように変容が起きるのか、内発的なプロセスに焦点を当てることによりみえてくるものであろう。古今東西、時代とともに地域は盛衰する。だがその盛衰の現象を過度に取り沙汰するのではなく、たとえ経済は衰退したとしても、その内部の変容に着目することによって、それが時代を映し出したものと捉え、読み解いていきたい。再生というフレーズは元どおりに人為的にという意味合いが滲み、活況であることを第一義に良しとする認識も含まれている。そうではなくむしろ、文化や自然資源、社会包摂やコミュニティなど暮らしに不可欠な諸要素、経済の衰退の後に出てきた萌芽に光を当てたい。

　第二のテーマは、内発的な再生の過程で顕現してくる「地域の価値」の基準を探りたい。近視眼的な地域活性化ではなく、産業の盛衰の歴史とその後に出てきた芽をみることは、これからの地域の持続可能性を探る鍵となるのではないか。「地域の価値」の基準を探ることは都市や地域の社会・経済環境が変化するなかで本質を問う試みといえる。生産から消費、さらにポスト消費社会に移行するなかで、物質的な経済社会は飽和し、非物質的な感性なども織り込んだ経済活動が盛んになってきた。都市や地域のイメージも現代の観光のかたちから想起されるように、場所として「消費」されつつある。非物質的な消費形態を通して都市や地域のイメージが形づくられる時代である。その際、「地域の価値」を規範化する基準が重要となる。短絡的な消費や開発に振り回されないために、その価値基準とは何なのかをポスト産業都市や田園都市のありようから考えたい。

　第三に、分散型社会のシフトが潮流としてどのように起きつつあるのかをみていきたい。都市集中の弊害は、地域格差や災害時のリスク、少子化問題などからこれまでも指摘されてきたが、コロナ禍により地方への分散がより現実のものとなってきた。人口減少・高齢化が社会問題として浮上した2000年代後半あたりから、国土構造の変化に関しては、過度な都市集中を緩和する形での分散型社会や多極分散構造の必要性が高まっていた。大都市集中、とくに東京一極集中は人口増加と工業化、高度経済成長とともに作り出された。人口減少に差しかかった2000年代後半から分散化、多極構造の議論は

盛んにあり、地方創生など国家レベルで政策も講じられてきたが、現実には一極集中構造が定常的に続いてきた。しかし、コロナ禍を経て、政策ではどうにもならなかった分散型社会へのシフトが、ここにきて新たな動きをみせている。さらには暮らしや働き方など価値観の変化も起こっている。

　本書では、ジェイコブズの地域経済と公共空間・まちづくりにおける多様性の尊重、その両者に眼差しを向ける双眼的視点を受け継ぎつつ、さらに「プロセス」「帰納法」「非平均的」なヒントを元に都市や地域の変容を読み解いていきたい。

　次章では、地域経済の発展と衰退について、地域雇用の大きな変化に着目しながら捉えなおす。本章と対をなして、地域経済の光と影のダイナミズムを描く。

◆注

1　2018 年、内生的成長理論の成果によってローマーはノーベル経済学賞を受賞した。

2　ポーター（1999）p.67。

3　Florida（2017）参照。矢作（2020）は、アメリカの都市危機において創造階級・創造都市が未曾有の格差社会を生んでいることを指摘し、フロリダの転向論争について触れている。

4　Florida（2017）pp.125-126。

5　塩沢（2010）p.146。

6　たとえば、D. フリードマン（1992：原著1988）において、フレキシブルな生産体制を実現させた地域として長野県坂城町に注目した。坂城町における機械金属中小企業のネットワークと、地域支援機関である商工会の役割を高く評価している。フレキシブルな生産体制を支えるＮＣ工作機械が普及し、中小企業のネットワーク化を支援する地域戦略が結びついた結果、中小企業へのコスト圧力は減じた。むしろ地域における生産の優位性が生じた。それをフリードマンは「日本の奇跡」と呼んだ。彼は、従来の日本の成功モデルを狭義の意味での政治機構、例えばチャーマーズ・ジョンソンの官僚調整論や市場調整論などによるのではなく、広義の意味での政治の役割に焦点を当てた。つまり、フリードマンが「政治」の一形態とみなしたのは、労働者と経営者との間の工場管理問題や、適切な市場の調整をめぐる企業間の争い、さらには経済における国家の役割についての政府当局の論争などであり、こうした問題を解消する広い意味での政治制度に注目し、日本の産業地域をモデルにフレキシブルな生産体制を支える政治に注目したのであった。

7　青木（2003）p.125。

8　産業集積の企業間関係はフォーマルなネットワークだけでなく、インフォーマルなネ
　ットワークが働いており、それは新たなイノベーションへつながるという見方が優位
　になってきた。「制度」の定義として、よく挙げられるのは、D. ノース（1990）によ
　る「制度はゲームのルールである」というものである。制度やルールはフォーマル・
　ルールとインフォーマル・ルールに二分される。フォーマル・ルールは立憲的な財産
　権ルールや契約、インフォーマル・ルールは規範や習慣、信頼などが該当する。人や
　企業の行動はフォーマルな制度だけでなくインフォーマルな制度にも規定される。
　文化などもその一つである。国ごと、地域ごと、企業集団ごとによって、インフォー
　マルな制度は異なり、企業など経済主体の行動も変わってくる。

第2章

地域経済と雇用・働き方の変化

1 雇用と働き方の転換

　平成が幕を下ろすのと軌を一にして、日本では働き方改革が焦眉の課題となった。2018年の通常国会を経て、2019年度から働き方改革関連法案が本格的に施行となった。背景には、日本の雇用システムを根本的に変えなければならないという危機意識があった。その一つが、長時間労働であり、過労死や長時間残業につながるような労働が問題化し、規制が必要となってきたことがあげられる。日本的雇用システムである終身雇用と関連し、正社員の長時間労働が常態化し、景気が悪くなると残業を減らし調整するということが慣行となってきた。

　もう一つは、正規・非正規雇用の格差の問題である。景気の調整策として非正規雇用が進んだが、景気が良くなっても賃金が上がらない構造は、個人にとっても経済にとっても悪循環をもたらしている。正規と非正規の格差を是正し、働く実態に合った処遇を実現する制度が必要とされる。とくに、就職氷河期世代の非正規雇用は他の世代に比べて多く、未婚率や子どものいない世帯の比率が高いことなども社会問題化してきた。

　この先、経済が成熟していくにしたがい、雇用・労働のあり方や地域経済にどのような影響をもたらすのか。この章では、まず平成の地域雇用につい

て振り返り、雇用から地域経済の変化を概観したい。また、本章の問題提起と本書全体を通して、経済至上主義、効率重視の価値観を問い直す動きがローカルレベルで生み出されているのはなぜなのか、地域で顕現してきている新しい働き方が分散型社会への兆候と共にみられつつあることを踏まえ、政策支援の可能性や今後の課題について検討したい。

2　地域雇用の構造変化

(1)　製造業から内需型へ産業構造の変化

　平成の30年間で地域の産業構造は激変期を迎えていた。非正規雇用が増加し格差が拡大した時期は、グローバル化が進展し、国内の産業が空洞化していった時期と重なる。産業構造が高度化してサービス産業化が進んだ一方で、その多くが非正規雇用に置き換わっていったことにまず注目したい。1980年代半ばから2010年代半ばの市町村ごとの従業者数の変化を市町村ごとにプロットした図2・1をみると、1980年代半ばには5割強の市町村で従業者数1位の産業は製造業であった。地域雇用は30年間で製造業から、医療・福祉、サービス業、小売業に置き換わったことがみてとれる。ものづくり大国であった日本は、都市と地方双方の地域の雇用を支えていたが、この間、円高やグローバル化により海外の現地生産が拡大するとともに製造業は空洞化していき、地域雇用も失われていく。1990年代後半から21世紀に入ってしばらくは、「産業の空洞化」「雇用の空洞化」が地域経済で最も大きな問題であったが、対外貿易のプロダクト・サイクルのなかでは免れ得ない現象であり、どの先進国も共通に直面した。そして現在では、地域雇用の課題は「雇用の空洞化」から「人手不足問題」へと質的に大きく変化を遂げた。「空洞化問題」ではグローバル分業によりものづくりを支えた基盤的技術を失うことが危惧されたが、同時に地域雇用の性質も製造業などの外需型から内需型へと転換していった。

　対して、内需型といえる「医療・福祉」の従業者数の急増がめざましく、

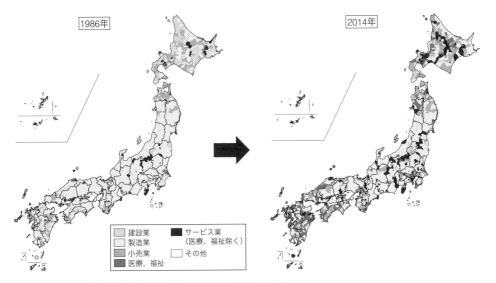

図 2・1　市町村・従業者数でみた地域の産業構造の変化

元注：1．市町村別に従業者数が最も多い業種を抽出した上で、その業種を抽出した市町村を業種別に描写している。また、市農業などの一次産業も対象として抽出している。

2．業種を抽出する際の産業分類（大分類で抽出）は、2002 年 3 月改訂のものに従っている。また、1986 年と 2014 年の産業分類については、産業分類を小分類ベースでくくり直している。

3．市町村の描写の際のサービス業には、大分類の「飲食店、宿泊業」「教育、学習支援業」「複合サービス事業」「サービス業（他に分類されないもの）」が含まれている。

4．市町村別の従業者数が最も多い産業が複数あった場合、事業所数が多い産業の順位を繰り上げて処理した。

5．その他には、調査時点において調査対象外地区であった地域を含む。

元資料：総務省「事業所・企業統計調査」、総務省・経済産業省「平成 24 年経済センサス－活動調査」再編加工

出典：『中小企業白書 2017 年版』コラム 1-3-1 図、p.76 より加工作成

医療・福祉が地域雇用最多の自治体が急増した。平成の 30 年で従業者 1 位産業は、製造業から医療・福祉、サービス業、小売業などに置き換わった。地方ほど製造業から医療・福祉産業に変容し、九州、山陰、四国、近畿南部、東北北部などで製造業から医療・福祉産業への転換がみられる。関東は製造業からサービス業に変容し、小売業は全国に点在し広がっている。また、北海道の市町村では建設業から医療・福祉等に変化したところが目立つ。このように平成の 30 年間で地域の産業構造は製造業から内需型の産業、とくに医療・福祉、サービス業、小売業へ大きなシフトを迎えたのであった。

　図 2・2 は『労働力調査』によって 2005 年から 2021 年まで 16 年間の産業別就業者数の推移をみたものである。分かりやすくするために、ここでは産業大分類で就業者数 300 万人以上の産業のみを抜粋し、経年グラフ化した。

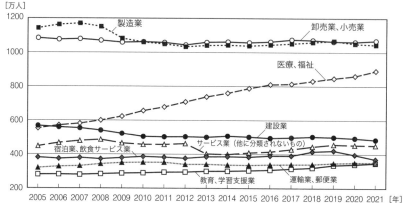

図2・2　産業別就業者数の推移
注：300万人以上の産業大分類のみ抜粋し、グラフ化した。
出典：総務省『労働力調査』より作成

これにより変化が読み取れるのは、製造業の就業者減少と医療・福祉の就業者増の対比的な構図である。この雇用構造の変化は人口減少・超高齢社会の日本のかたちを投影している。超高齢社会による福祉・介護の労働需要の増加と、人口減少によるモノや社会インフラの需要の減少によるものといえる。

　まず、医療・福祉の就業者数をみてみると、2005年には553万人であったのが、2021年には891万人と1.6倍の伸びとなった。なかでも、介護職員数は介護保険制度が創設された2000年以降、2021年までの間に4倍の212万人へ増加した[注1]。介護人材の非正規比率がおよそ4割と他産業に比べて突出して高く、離職率も高いことから人材不足が深刻化している。

　他方で、製造業の就業者数は2005年に1142万人であったのが、2012年には1033万人にまで低下して底を打ち、その後微増に反転し2021年は1045万人となっている。中国やアジアの人件費が上昇し、さらに円安が進行したことなどから製造業を取り巻く環境が変化し、一部で国内回帰がみられることがうかがえる。建設業は2005年に568万人であったが、一貫して減少傾向で2021年は485万人となっている。

　この16年間（2005〜2021年）で雇用が増加したのは、医療・福祉が553万人から891万人と著しく、情報通信業が175万人から258万人、運輸業・郵

便業が 320 万人から 352 万人、不動産業・物品賃貸業が 101 万人から 142 万人、学術研究・専門技術サービス業が 207 万人から 254 万人、教育・学習支援業が 281 万人から 348 万人、サービス業（他に分類されないもの）が 447 万人から 454 万人、公務 229 万人から 250 万人となっている[注2]。情報通信、運輸業、教育・学習支援などで就業機会が増えているのも内需の変化を反映している。

　平成の時代はほぼ「失われた 20 年・30 年」の時期と重なるが、このようにみると地域雇用の変化が大きかったことがみてとれる[注3]。とくに地方の男性雇用を支えていた製造業と建設業がこの 16 年間で 200 万人近く減らした一方で、増加した医療・福祉産業の大半は女性の非正規雇用によって支えられている。また、就業者が減少した宿泊・飲食、卸売・小売、生活関連・娯楽の 3 業種はいずれも非正規雇用比率が最も高い 3 業種であり非正規比率が 5 〜 7 割に上る。ここからも景況の影響を受け非正規雇用が調整弁となっていることがうかがえる。就業者数の変化と同時に非正規雇用が不安定であることが再確認できる。

　人口減少や脱工業化によってモノや社会インフラの需要の飽和が雇用構造を変えた。と同時に、超高齢社会の内需を反映して福祉・介護の労働需要が増大した。製造業や建設業から置き換わった業種は、いずもれ非正規雇用比率が高く、結果として平成の間にわたって所得格差を生んだ。こうした動向が地域の雇用構造の変容をみるとより如実にみえる。

(2) 内需型の非正規雇用の増加

　図 2・3 は業種別に非正規雇用比率を表している。左から非正規比率が高い業種が並ぶが、宿泊・飲食サービス業は約 7 割、とくに女性の非正規比率は 55％に上る。生活関連サービス業、娯楽業の非正規比率は約 6 割、卸売業、小売業は約 5 割であり、これら 3 業種は就業者数を減らした第 3 次産業であり、同時に非正規比率が最も高い 3 業種でもある。また、就業者数の伸びが最も大きかった医療、福祉の非正規比率は約 4 割で、就業者全体でみると 34％が女性の非正規雇用による。

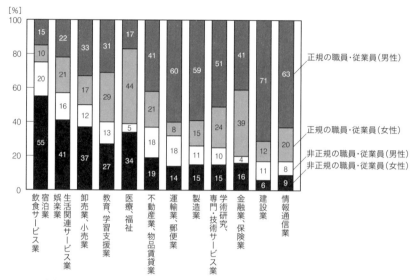

正規の職員・従業員（男性）

正規の職員・従業員（女性）
非正規の職員・従業員（男性）
非正規の職員・従業員（女性）

図2-3　業種別の非正規雇用比率（2020年平均）

元資料：総務省『労働力調査』
出典：『中小企業白書』2021年版、第1-1-54図を再編加工

　つまり、平成の地域雇用の特徴は、産業別就業数の変化だけでなく、先に
みたように雇用形態の変化も同時に進行したことである。医療・福祉をはじ
め製造業からシフトした業種はいずれも非正規雇用比率が高い。とくに、宿
泊・飲食サービス業、生活関連サービス業、娯楽業、卸売業、小売業などは
半数を超える雇用が非正規雇用によって支えられており、景況の波を受けや
すくコロナ禍で失業した人の割合が高い業種でもある。産業構造の変化と雇
用構造の変化のダブルの変化が日本の雇用のかたちを大きく変えた。

　非正規雇用比率の高い業種のほとんどは対人サービス業であり、人間の動
作が不可欠な職種で、いわゆる「エッセンシャルワーカー」である。福祉・
介護人材のほか、コロナ禍前にはインバウンド観光が盛んとなり、観光業を
主要産業と位置づける自治体が急増し、とくに地方では宿泊・飲食を中心に
人材不足感が高まった。対して、製造業などはさらに386万人の労働需要が
なくなると推計されている[注4]。だが、エッセンシャルワーカーにおいて、労
働需給ギャップが大きいことだけが問題ではない。むしろ、これらの職種が

非正規雇用によって支えられているということは生産性が他業種に比べて低い、つまり賃金が相対的に低い業種でありながら、人手がかかる仕事が増えつつあることを意味している。製造業や建設業などものづくりで付加価値を高める業種とは異なり、内需型の対人サービス業は付加価値は相対的に小さくとも、経済指標だけでは測れない価値がある。

　ここで、都市圏と地方圏の生産性を比較してみると、構造的にサービス業生産性の地域間格差が大きいことが地方からの人口流出を加速させる一因となっていることが分かる。たとえば、人口30万人以上の都市圏では製造業とサービス業の生産性の差はほぼない。両者とも、1人当たり年間約900万円の生産性である。対して、地方圏では製造業の生産性は800万円台だが、サービス業は500万円台である[注5]。30万人以上の都市圏では製造業からサービス業にシフトしても生産性はさほど変化なかったが、地方圏ではこの30年間で製造業が縮小し、サービス産業化が進み、同時にそれは生産性を減少させながらのシフトであったといえる。生産性は賃金と比例することから、地域間の生産性の差は労働移動を引き起こす。地域間の生産性、賃金格差はいまだに続く地方圏からの人口流出、東京一極集中の背景ともなっている。現在、有効求人倍率が高くなっている分野、介護、看護、保育、建設、運輸等では、ほとんどの地域で労働力需給ギャップがみられるが、相対的に賃金の高い東京圏や大都市圏で就職の機会を求め、地方圏でこれら業種の人材不足が拡大していく可能性が高い。

　コロナ禍で、医療関係はじめ、福祉、介護、保育、運輸・配送、建設、飲食、農業、スーパー・コンビニなどに従事する人びと、つまりエッセンシャルワーカーにより滞りない暮らしが支えられていることを社会全体が認識した。エッセンシャルワーカーのほとんどはリモートワークができない。在宅勤務ができる業種とできない業種といった新たな分断を生み出し、それが社会の諸相として可視化され認識された。また地域別にコロナ禍でリモートワークをした人の比率をみると首都圏が5割を超え、関西圏などと比較しても高く、地方圏では相対的に低い[注6]。これらを鑑みても地域雇用の構造変化は地域間格差を内包している。

3　地域経済の構造的低成長の背景

(1)　所得格差の拡大

　非正規雇用の拡大による所得格差が指摘されて四半世紀になる。それはちょうど経済のグローバル化、産業の空洞化と重なる時期である。

　1990 年代後半、所得格差の拡大に警鐘を鳴らした橘木 (1998)『日本の経済格差』が発端となり、日本の格差論争が沸き起こった。橘木は 1980 年代以降のジニ係数の増大から所得格差が拡大していることを指摘し、経済学者の間で論争をよんだ。対して、大竹 (2005)『日本の不平等』では橘木と同様の厚生労働省「所得再分配調査報告書」を用いながらも、不平等の拡大を示すジニ係数の増大は、高齢化の進展に基づくものであり、格差社会への移行を示すものではないとした。広がる所得格差は何が要因なのか経済学者の間で盛んに論争された。

　さらに、伊東 (2006) は「所得再分配調査報告書」を長期のスパンで再検討し、1990 年代の巨額の経費削減と規制緩和による競争の激化による賃金圧迫の影響が大きかったことを強調した。伊東は橘木の主張を支持したうえで、1990 年代以降の日本の格差は労働市場の変化のなかにあるとした。つまり、派遣労働など労働政策の規制緩和によって引き起こされたことを早い段階で指摘したのであった。

　実際、1990 年代以降、非正規の従業者は一貫して増加し、2005 年にはすでに約 3 分の 1 が非正規雇用であった。とくに、25 歳から 34 歳までの就業者のうち約 23.5％が非正規雇用者であり、その数は 309 万人であった。この世代は就職氷河期世代に当たり、4 人に 1 人が社会の第一歩が不安定で将来設計を持てない世代であった。この時期の年齢別のジニ係数をみると、20 代以下の所得不平等は 1985 年以降、上昇している[注7]。その不平等の程度は 30 代や 40 代より大きく、とくに 1990 年代の不況と所得格差が当時 20 代であった就職氷河期世代を直撃していたことがみてとれる。それは規制緩和と労働者派遣法などのネオリベラリズムの政策によって引き起こされたものであ

った。「失われた20年」が「30年」となり、賃金が上がらない構造を作り上げた時期とも重なっていく。

　格差が拡大していくきっかけとなったのは、特定の業種に限られていた派遣労働が1999年に原則自由化されたことが大きい。規制緩和によって派遣労働の適用が拡大していくことにより所得格差の拡大をもたらした。企業は派遣労働者や非正規労働者を雇用の調整弁として扱い、人件費を固定費から変動費に変えた。大企業が削減した人件費は内部留保となり、株主への配当金の原資となった。同時に金融ビッグバンといわれた金融制度改革がおこなわれ、国境を越えてグローバルにマネー資本が動く時代となった。一般の人びと、中間層の資産は預金が主であり低金利で資産が増えないなか、富裕層は株価上昇や配当で資産を増やし、さらに格差が拡大しつつある。

　1990年代以降、日本で格差拡大がみられるようになってから四半世紀たち、これは一世代に相当する。所得格差はあらゆる格差、未婚の増加、教育の格差を引き起こし、子の世代に再生産されていく。とくにコロナ禍で打撃を受け、非正規雇用への影響、とりわけ女性の非正規雇用が職を失い、収入が悪化するなどの影響を被っている。コロナ禍の影響について、連合が2022年2月に実施したアンケート調査によると、非正規雇用の女性1000人のうち「収入が減った」としたのが23％にのぼった[注8]。21％が「勤務日数や労働時間の減少」などの影響を受けている。年収は100万〜199万円が最多の35％、300万円以上は8％にすぎない。主な家計収入が「自分の勤労収入」と答えた人の平均年収は214万円であった。非正規雇用は企業や社会の調整弁となっており、とくに女性の非正規雇用ではコロナ禍で収入や労働環境が悪化していることがうかがえる。こうした経済構造のひずみを是正し、普通の生活や暮らしができる水準を政府や企業に任せるだけでなく社会全体で考えていく必要がある。

(2) 賃金が上がらない構造

　長年にわたる日本経済の生産性の低さは、円の購買力が大幅に低下したこととも関係する。とくに2000年代から、日銀による円安誘導や安倍政権の

経済政策であったアベノミクスなどによって異次元の金融緩和政策が円の購買力の低下を招いた。円の購買力は、物価の動向を反映し通貨の実力を表す実質実効為替レート指数によって示される。日銀のデータによると、2010年を100とした場合、2022年9月現在の値は58である[注9]。これは1970年代とほぼ同じ水準で海外での円の購買の弱さを示している。日本は1980年代以降円高となり、円は強くなり、実質実効為替レート指数は1980年代110台、1990年代には150台であった。しかし、再び低下して1970年代の水準に戻ってしまっている[注10]。

　円の購買力の低下は賃金が上がらない構造、低賃金の常態化を招いている。円安は輸出企業を中心に安易に利益を増加させてしまう。いくら働いても賃金は上がらず、輸出型の大企業を中心に株価は上がり続けるという状態にある。アベノミクスは第三の矢として、成長戦略による生産性の向上を掲げたが、経済構造を変える政策はほとんど進行せず、第一の矢であった金融政策、異次元金融緩和によって円安が進行した。円安は輸出企業の利益を押し上げたが、その利益が成長への投資や賃上げには回らなかった。そのため、こうした循環、分配を促す政策が必要である。

　2021年のOECD（経済協力開発機構）のデータをみると、日本の平均賃金は34か国中で24位にまで低下している。年間平均賃金では日本はすでに韓国に抜かれており、日本では賃金がずっと低い水準のままであったことがわかる[注11]。労働者の賃金、労働分配率を低いままで、企業は内部留保を高め利益を増やしていった。今後、人口減少社会で人手不足が深刻化し、超高齢化により内需型のサービス労働の需要は増えているが、先述のように多くが非正規雇用に支えられた部門である。つまり、内需を中心に需要はあるが構造的に賃金が抑えられた部門の需要が増えていることを意味している。一方で、円安により輸出企業の利益は増えているものの、新たなものを生み出していく力は相対的に低下している。そのため、低賃金の構造を固定化する円安に依存しない経済構造への転換が必要となる[注12]。

(3) 地域経済と生産性のジレンマ

　これまで日本の経済モデルは製造業を主体としたものであった。製造業は輸出産業として発展を遂げ、サプライチェーンマネジメントにより規模の経済性を発揮していた。外部経済効果が他産業に比して大きく、地域内で所得と雇用を生み地域経済を下支えしていたといえる。製造業は外部経済効果を誘引する。好循環の下では新しい投資により、さらに生産性を向上させることにつながる。人口増加が新たな需要を生み、生産増を誘引する右肩上がりの時代には、製造業は生産性を向上させやすい分野であったといえよう。

　また、生産性は時間当たり、1人当たりの生産量であり、経年的に測定したり、他国・他地域と比較したりできるという特性を持つ。投入と産出という二つの時間差の量によって成立している数値であり、賃金にも直結する数値でもある。したがって、地域企業や地域産業の生産性の伸び率で地域経済が診断されることが一般的であった。

　しかし、地域経済の主要な指標として生産性を測ることに限界がきていることを指摘したい。先述のように、製造業モデルに立脚して地域経済を語りきれなくなり、医療・福祉など内需型のサービス業が増加していることによる。これまでの雇用システムは労働時間管理が必要な製造業において形成され機能していたが、サービス産業化やIT化が進む一方で、人手が不可欠な内需が増えている社会にはそぐわない面が大きい。

　さらには先にみたように、都市圏と地方圏のサービス業を比較して地方圏のほうが低いのは、サービス業は生産と消費の同時性があり、製造業と比べて「密度の経済性」が働くという側面もある。一般に、人口密度とサービス業の労働生産性は正の相関関係にある[注13]。そもそも、介護、看護、保育、飲食、観光業等の対人サービス業は、製造業から考え出された生産性という概念に馴染みにくく、生産性を上げるということは人を減らすことにつながるジレンマを抱えている。

　近年のOECDのレポートでは、生産性にとらわれすぎない地域経済のあり方について言及している。人口減少時代の地域政策は「生産性に焦点を当てた論理だけでなく、持続可能な居住との関係でバランスをとる必要」がある

とされている[注14]。つまり、地域には生産性だけでは測ることのできない要素、コミュニティの社会的機能や地域固有の文化醸成の維持なども合わせて考える必要がある。生産性よりも地域雇用を創出するのが事業の目的で、地域の産業や文化を活かしてコミュニティを維持している取り組みは、結果的に持続可能な居住という環境を育んでいる。人口減少時代にこそ、地域でそれらをどのように維持、継承、評価していくかが重要となろう。

　この先、東京圏や製造業が集積する一部の地方圏を除き、地域経済、地域の生産性は縮小していく。生産性は一つの指標であって、地域の経済主体や行政はそれに縛られすぎないような、それとは異なる価値観で持続可能な社会経済のあり方を模索していくことが求められる。地方にサテライトオフィスを設置している企業などでは、リモートワークや自己裁量による労働時間管理を導入しているところも増えている。地域の持続可能性について、個人レベルの持続可能な働き方、居住環境やコミュニティの維持からボトムアップ的に発想していく必要がある。それがひいては、個人レベルで持続可能な働き方を進めていくことにつながる。

4　新しい働き方や起業家像

(1) ライフシフトと協働型コモンズ
　コロナ禍によりリモートワークが一気に浸透したことにより、柔軟な働き方が身近になりつつある。同時に、起業、開業、フリーランスなど雇用関係によらないワークスタイルがIT技術の進展と共に浸透しつつあり、それを支えるコミュニティやコモンズがこれまでとはかなり異なる形で生まれつつある。雇用されない働き方、新たな起業家像は今後の資本主義社会のあり方をとも密接に関わり議論されてきた。

　グラットンら（2016）『ライフシフト』では、「学ぶ時期」「会社勤めの時期」「引退後」という3ステージの人生を選ぶ人は減り、より多くのステージからなる人生を選ぶ人が増えるとしている。「何歳ではこのステージ」といった

固定概念は外れ、人生のステージは多様化し、同時にいくつもの活動をする人が目立つようになるとする。なかでも、企業と新しい関係性を結ぶ起業家を「インディペンデント・プロデューサー」と位置づけ、旧来のキャリアステージから離れ、自身で職を生み出す人が増えると示唆している。従来の起業家とは異なり、事業を成功させて売却することを目的にしておらず、また永続的な企業をつくることも目的としていない。成功よりもビジネスの活動自体を目的とし、独立した立場で生産的な活動に携わり、試行錯誤しながらスキルや知識を深め、無形の資産を築いていく。とくに若い世代の選択肢の一つとして「インディペンデント・プロデューサー」が選ばれつつあり、特定の地域に集積しながら、価値を生み出す協働型の人的ネットワークを築くともいう。この点はフロリダの「クリエイティブ・クラス」の見解に近い。ライフステージの多様化、雇用されない働き方がキャリアの主要な一つの選択肢になりつつあることを示唆している。

　また、リフキン（2015）は共有型経済の進展と共に、雇用や働き手も資本主義市場から「協働型コモンズ」に移行するとみている。その代表的主体が社会的起業家であり、従来は営利と非営利に分かれていた領域が所有概念の変化と共に近接、統合しつつあること、とくにミレニアル世代が両方の特性を兼ね備える新たなビジネスモデルを確立しつつあることに注目している。社会的企業は投資収益率よりもコミュニティや協働、連帯、信頼の反映である社会関係資本を重視する。リフキンは「人間味ある起業家」と形容している。アメリカやイギリスでも新興の社会的企業の急増が観察され、今後、協働型コモンズに根差したソーシャルエコノミーが資本主義市場を侵食し、こうした社会的企業は増加すると予想している。そうなると雇用自体も資本主義市場からコモンズに、豊かさの基準も市場ベースからコモンズベースに変容していくことまでも示唆している。とくに、ミレニアル世代の物質主義が薄まっていることから、所有よりも関係性やアクセス性を重視し、協働型消費や共有型経済が拡大しつつあることを明らかにしている。

　このように、資本主義経済の将来を分析する研究者らは、経済のあり方が変容することによって、インディペンデント・プロデューサーや社会的起業

家の台頭を強調している。協働型のコモンズやコミュニティが彼らの存立基盤となり、新しい経済パラダイムの先導役となりうることをうかがわせる。

　日本でもかつての自営業や開業とは異なる新しい自営のスタイルや働き方が若い世代、ミレニアル世代やＺ世代を中心に生じ、帰属先として地域やコミュニティがこれまでとは異なるかたちで意味を持ちつつある[注15]。消費志向は日本でも大きく変化し、個人やつながり、関係性が意味をもち、ゆるやかなコミュニティが基盤として台頭しつつある。

(2) 新たな自営的就労の位置づけと課題

　時代の変化とともに増えつつある新しい自営的就労について、どう位置づけられるか、問題点や政策支援についても触れておきたい。理念と異なり実際は、非雇用型の自営業主、個人事業主といえども、その形態は多様である。安定的な業種と不安定就労の差も大きい。伍賀（2018）は雇用型と非雇用型、テレワークと非テレワークの度合いから自営業層を２種、個人事業主を３種に区分している[注16]。このうち増えていく趨勢にあるのは、ネット経由の在宅ワークや配送業などのギグワークであろう。通信環境さえ整えば、パソコン一つで仕事でき、場所や時間を問わない業種といえる。新しいサービスやビジネスを生み出す起業家が存在する一方で、請負的な仕事も多く含まれている。また、コロナ禍以降、配達・配送業を中心にギグワーカーが増えており、勤務中の事故を自己責任とするなど問題が多い。これまでの労働法で適用されない領域であり、働きを正当に評価する仕組みや持続可能性をどう担保していくかが問われている。

　組織に属していない自営的就労者は将来に対するリスクが大きいため、経済的自立に向けた政策が必要となる。労働法が専門の大内伸哉は、真正な自営的就労者、フリーランスについて自助を適度にサポートしながら、連帯による共助を育成する支援が必要と早いうちから指摘してきた（大内2017）。具体的には、セーフティネットの見直し、雇用形態に関わらない社会保障制度の一元化、人材育成、市場環境の整備などがあげられる。世界的に増えるギグワーカーなど個人事業主の責任や使用者との関係など、ようやく政策議論

がなされるようになってきた[注17]。

　新しい働き方の推進は「自助」に任せるのではなく、このような社会的なセーフティネットなどの「公助」のほか、同業者や地域でのつながりなどコミュニティやコモンズによる「共助」が必要となる領域といえる。新たな自営的就労は、自助を促しながら、公助や共助と近い領域で存在する経済主体であることを認識し、制度や政策を整えていく必要がある。

5　産業、地域、雇用・働き方の変化

　最後に、日本の産業経済、地域、雇用・働き方の変化を振り返り、今後の地域の経済を考える手がかりとしたい。表2・1は、これまでの議論を踏まえ、おおむね四つの時代に区分し、産業、地域、雇用・働き方の変化を示したものである。

　高度成長期から昭和の終わり、平成までの60年間ほどで日本の経済は成長と停滞、成熟化へと大きなフェイズを経験してきた。さらにこの先、コロナ禍の2020年から人口減少と高齢化が最も進行する2040年あたりまでを視野に入れると、おおむね四つのステージの経済段階に分けることができるのではないか。おおよその時代特性を反映させ、年代を区切った[注18]。

　昭和の高度経済成長は、人口増、需要増、技術革新、貯蓄増の循環メカニズムが機能することにより達成された[注19]。まず、農村から都市への人口移動に誘引されることによって都市化と工業化が可能となった。都市人口増加と共に核家族化による都市部の世帯増と耐久消費財を中心とした消費需要の増加、それにより企業は設備投資、資本蓄積をおこない、海外からの技術移転により技術革新が進み、製品コストの低下が進む。都市の工業部門では労働所得が向上し、都市部の労働需要は増え、農村からさらに都市を移動させることにより、高度経済成長が実現した。また、産業面では製造業によるフルセット型の産業構造を形成していた。規模の経済が働き、大企業と中小企業、小規模企業がピラミッド型の産業構造を形成し、外部経済効果が地域経

表 2・1　産業、地域、雇用・働き方の変化

	高度成長期 1955 ～ 1975	安定成長期 1975 ～ 1990	失われた 30 年 1990 ～ 2020	コロナ禍・ポストコロナ 2020 ～
産業	フルセット型 規模の経済	頭脳・研究開発 範囲の経済	IT 社会 グローバル経済	限界費用ゼロ 価値の経済
地域	農村から都市へ	都市化・郊外化	東京一極集中	集中から分散へ
雇用	全部雇用 サラリーマン＋自営業	終身雇用	非正規化	ワーク・ライフ・バランス 新たな自営的就労

出典：筆者作成

済にとって優位に作用していた。一方で、増える労働需要を背景に農村や地方から都市へ人口が大きく移動し、過疎化につながる要因となった。雇用はサラリーマン雇用が増え、自営業とあわせて失業がない全部雇用社会を形成した。

　1980 年代を中心とした安定成長期は製造業が日本経済をけん引していたが、1985 年のプラザ合意で円高となり、製造業による輸出立国のあり方が問われなおす時代になった。加工・ものづくりだけでなく、研究開発に力を入れ、地域産業政策でも頭脳・研究開発の機能を備えることが重視された時代であった。大都市では人口増加が進み、ニュータウン開発が盛んになり、郊外都市化が進んでいく。雇用スタイルは終身雇用の男性正社員雇用モデルで、世帯主モデルの家族形態が定着していった。

　しかし、バブル経済の崩壊以降、1990 年代から 2000 年代の「失われた 20年・30 年」で、IT 化、グローバル経済が進み、世界経済のなかでの日本経済の地位は後退していった。21 世紀は都市の時代という認識のもと、大都市での立地規制が緩和され、都市の経済を活性化させる産業政策も目立ち、結果的に東京一極集中に拍車がかかることになった。一方で過疎化が深刻化していく。この頃、先述した非正規雇用の枠組みができ、この時期に卒業した就職氷河期世代が正規の就職からあふれ、非正規雇用比率を高めていくことになった。また近年では、円安や賃金が上がらない構造が硬直化して日本経済の低迷を長引かせている。

　現在は人口減少時代とデジタル社会への転換期と位置づけられる。デジタ

ル経済化が進むことにより、限界費用が低減し、生産や消費に関する観念自体も大きく変容していくことが予想される。また、日本の人口は 2040 年に、現在より 1000 万人以上が減少し、高齢者人口がピークを迎えると推計され、社会保障の負担増、財政支出の悪化といった課題が積み重なることは容易に予想できる。経済成長期に形成された企業システムや雇用形態は後退するとともに、かつての標準的な人生設計は後退し、ライフステージは多様化しつつある。

　経済性の変遷について、製造業中心の生産性主義の「規模の経済」「範囲の経済」から、経済的価値と社会的価値の双方の追求を目指す「価値の経済」が存在感を高めつつある。社会的企業や NPO 等が経済主体としての役割を深め、協働型コモンズに根差したソーシャルエコノミーが資本主義市場に対して一定程度のインパクトを持つようになることは現代資本主義のあり方として議論されている。さらに、経済性の変化と同時に雇用システムが変容し、コロナ禍を経て新しい働き方や新たな自営的就労も生まれつつある。これらのことは後の章でも地域変容の過程から詳述していきたい。

　本章では、平成の地域雇用の現状と課題を振り返り、雇用や地域経済のあり方について検討してきた。地域雇用の変化が大きかった平成の 30 年間で地域経済のあり方も製造業の輸出型から内需型の構造を強めていった。それは、非正規雇用の拡大、格差の拡大につながり社会問題として硬直化してしまっている。同時に、新しい働き方への期待、雇用問題を見直していく機運も高まっている。

　他方で、人口減少期と並行し、デジタル化や限界費用ゼロ社会によって所有や消費の概念変化が起こり、資本主義経済が変化していくなか、雇用されない働き方や新しいコミュニティの台頭も少しずつみられる。コロナ禍を経て資本主義経済の本質が問い直されている現在、個人の働き方、新しい自営的就労の台頭、共助の器としてのコミュニティがどう変化しつつあるのか、そして地域経済のありようがどう変容しつつあるのか、その正当性も含めて検討していくことが求められよう。

　さらにいえば、冒頭でみたケインズの誤算についてのスキデルスキーの提

言にあるように、「豊かになるほど過剰に働く社会」は際限のない欲望が働きすぎの環境や新たな非正規雇用を作り出していることに自覚的になるべきであろう。これまでの時代のような効率性や便利さの追求による富の創出でなく、持続可能な産業や暮らしの実現に向けて、今後の労働や働き方のあり方を考える必要がある。

　続く、第2部では、産業が衰退すると共に都市や地域がどのように変容していくのか、新たなオルタナティブの芽はどのように生まれつつあるのか、欧米の経験によるポスト産業都市の転換に着目する。

◆注

1　総務省「労働力調査」による。

2　労働者派遣事業所の派遣社員については、2012年12月までは、派遣先の産業にかかわらず派遣元の産業である「サービス業（他に分類されないもの）」で分類していたが、2013年1月からは派遣先の産業で分類している。2007年10月1日に日本郵政公社が民営・分社化されたことに伴い、産業分類間の移動（「複合サービス事業」から「運輸業、郵便業」「金融業、保険業」および「サービス業（他に分類されないもの）」への移動）があるので注意を要する。さらに2012年10月1日に郵便事業株式会社、郵便局株式会社が統合し、日本郵便株式会社となったことに伴い、産業分類間の移動（主に「運輸業、郵便業」から「複合サービス事業」への移動）があり、時系列比較には注意を要する。

3　逆に、同期間（2005～2021年）に就業者を減らしたのは、製造業、建設業のほか、農業、林業が259万人から195万人、漁業が23万人から13万人となり、一次産業の就業者の変動も大きかった。また、コロナ禍や景気の浮沈の影響が大きい産業として、宿泊業、飲食サービス業が381万人から観光需要の増加効果で2019年には421万人と伸びたが、コロナ禍で2021年には371万人にまで大きく減少した。さらに、卸売業、小売業が1084万人から1069万人、生活関連サービス業、娯楽業が238万人から227万人には減らしている。

4　2015年から2030年までの間にこうした「人間的な付加価値が求められる職種」の需要はさらに190万人増加すると見込まれている（厚生労働省『平成29年版労働経済白書』）。

5　地域間の生産性格差のデータは『通商白書』2017年版より引用。

6　内閣府「新型コロナウイルス感染症の影響下における 生活意識・行動の変化に関する調査」（調査時期：令和2年5月25日～6月5日）より。

7　伊東（2006）p.174

8 『毎日新聞』2022年4月1日付朝刊。

9 日本銀行「主要時系列統計データ表」

https://www.stat-search.boj.or.jp/ssi/mtshtml/fm09_m_1.html （最終閲覧日：2022年11月18日）

10 野口悠紀雄氏は円安と実効為替レート指数の低下を招いたアベノミクスの功罪について こう答えている。「円安は、輸出企業を中心に安易に利益を増加させる麻薬のようなものだ。そうしたものに頼らず、日本の社会・経済の構造を変える手術が必要だったが、手を付けずに放置してしまった。アベノミクスはその典型的な政策だった」。『毎日新聞』2021年11月3日付朝刊。

11 OECDデータ（2021年）によると、日本の平均賃金は34か国中で24位である。韓国 は19位である。平均賃金は国民経済計算に基づく賃金総額を、経済全体の平均雇用 者数で割り、全雇用者の週平均労働時間に対するフルタイム雇用者1人当たりの週平 均労働時間の割合を掛けることで得られる。2016年を基準年とする米ドルと購買力 平価（PPP）で表記される。

https://www.oecd.org/tokyo/statistics/average-wages-japanese-version.htm （最終閲覧日：2022年11月18日）

12 円相場と自動車産業の関係について、日産自動車元COOの志賀俊之氏は「円安だか ら国内に生産回帰して大量生産を続ける」という考えや「円安はもうかる」という考 えを捨て、付加価値の高い産業に特価し、コストではない商品の価値を追求し、円安 を産業構造の転換を実現するチャンスとすべきと提言している。『毎日新聞』2022年 9月8日付朝刊。

13 総務省「都道府県におけるDID人口密度と労働生産性」『自治体戦略2040構想研究会 第6回（労働）』事務局提出資料、2018年。

14 OECD "OECD Territorial Reviews JAPAN 2016" p.18 より。

15 松永（2015）を参考。個人の仕事と社会課題をすり合わせる「ローカル志向」が地域 でみられつつあることを働き方、産業、経済の変化から分析した。

16 伍賀一道「『働き方改革』と地域経済」日本地域経済学会全国大会、共通論題（島根 大学、2018年12月8日）。資料では自営業主と個人事業主を次のように分類している。

　自営業者a：個人経営の工場主・商店主・農家のように、自ら生産手段を所有し、単 独であるいは家族従業者とともに、自宅で事業を営む場合が多い。

　自営業者b：開業医や弁護士、会計士、税理士のような専門職の独立業者、自営業者 aよりも所得が高い。

　個人事業主α：事実上、労働者と異ならないにもかかわらず、形式的に個人事業主と されている。塾や予備校・学校の講師、タクシーや宅配便のドライバー、 SEの一部、アニメ業界のクリエイターなど。

　個人事業主β：フランチャイズ形式で店舗経営に従事するコンビニのオーナーなど。 所得や経営実態から見れば、使用者（フランチャイズ本部）の指揮下

にある労働者としての性格を有している。

　個人事業主γ：仕事の多くがネット経由の在宅ワーク。仕事内容は、データ入力、テープ起こしなどの事務作業から、イラスト作成、アプリ開発やWebデザイン、CADによる製品の設計、市場分析、ライターなどの専門的業務まで多様。内職のように家内労働法が適用されず、発注業者との関係は請負関係。

17 ギグワーカーの配達員のように、形式的に業務委託、請負労働であることが世界的に問題になっている。アメリカ・カリフォルニア州では、2019年に「AB5法」が成立した。独立個人請負契約者について、使用者側が「業務遂行について会社の指揮命令を受けない」などの要件を満たすと証明できなければ、原則「労働者」とみなす法律である。EUでも「プラットフォーム労働」の劣悪な条件が問題視され、2021年12月に欧州委員会が労働条件改善に関する指令案を採択した。使用者側に立証責任を転換する画期的な内容とされる。『毎日新聞』2022年10月14日付夕刊。

18 一般に高度経済成長期は1955〜1973年、安定成長期は1973〜1991年である。ここでは概念として位置づけるために、1975年と1990年で区切った。

19 高度経済成長のメカニズムについては、吉川（2016）第2章を参照。

第2部

ポスト産業都市にみる転換のメカニズム

第3章

ポスト産業都市にみる
分断と再生
—新しいビジネスと共助のコミュニティ—

1　産業の空洞化と地域の盛衰

　産業の空洞化は、企業の利益と地域の利益が一致しなくなったとき、それらが相反するようになったときに生じる。地域の産業集積がどのような経済効率を発揮するのかは、企業の成長フェイズによって左右される。企業の生産性が上がり利潤が生じると、外部経済により地域にその効果は波及する。取引先相互の受発注が増えたり、新規創業が相次いだりして、経済のネットワーク性が強化され、労働市場も厚くなり技能の地域化が進む。

　プロダクト・サイクルと地域の盛衰は一体であり、内需と輸出の増加に支えられて地域経済は成長する。換言すれば、こうした右上がりの時期には、企業の利益である私的便益と地域の社会的便益が一致している状態といえる。他産業あるいは他地域に対して競争優位を持ち続けている限り、このようなメカニズムはみられる。

　しかしその優位性が、グローバルな要因、円高・円安など為替の影響、外国製品との競合、企業の海外進出、需要構造の変化などによって保証されなくなると、競争優位のメカニズムは崩れてしまう。グローバル企業の海外直接投資行動は地域を空洞化させることになる。結果として、企業の便益と地域の社会的便益にかい離が生じる。グローバル経済を前提としたプロダク

ト・サイクルによって、企業と地域の便益がどのように変化していくかをみることは地域経済の盛衰のメカニズムを考えるうえで重要である。

　このように、地域経済の状態は社会化された便益と個別企業の利益との関係によって変わる。双方の便益が一致する時期とかい離する時期があり、経済活動の生産拠点の海外展開や産業構造の変化によってかい離すれば、企業の移転・廃業、地域全体における雇用の縮小、技術水準の低下など産業の空洞化を招くことになる[注1]。

　企業と地域の便益が一致しているとき、地域の産業集積は有機的組織のように捉えられる。地域の需要を喚起する企業が存在し、産業集積内にはそれにこたえる柔軟なネットワーク型の分業体制があると考えられてきた。しかし、ローカルに完結していたフルセット型のネットワーク性は、現在ではグローバルにその範囲は拡大し、地域の経済ネットワークは後退してきた。

　競争原理のなかで企業は協調的な行動をとり、ネットワークはあたかも経済調整システムとみなされる。産業集積内で企業間の取引関係をネットワークと呼ぶには、ネットワークの参加者である企業間における資源配分は協調的な配分が前提となる。一方で、地域そのものは成長・衰退のダイナミクスを経験する。地域全体の仕事量が変化することによって、構成主体各々の配分のコーディネーションは変化せざるをえない。企業の利益が地域全体に波及することにより産業地域は持続していくが、それは「規模の経済」による外部経済効果が働いている状態がベースとなっている。

　けれども、衰退のフェイズに生じる根本的な産業構造の転換や地域経済の性質自体の変容については必ずしも明示的に語られてこなかった。都市や地域の成長・衰退をみていくうえで、トップ企業が移転した場合や、グローバルな産業移転の問題が都市の機能変化とどう関わり合っているのかなど、ネットワークを超えて動的な経済変容のなかで都市・地域の転換を捉えなおす視点が求められる。それは先述のジェイコブズの地域経済とまちづくりの双眼的視座にも通じる。地域政策は、産業技術、企業経営の視点だけでなく、地域課題へのアプローチがより重要となってくる[注2]。

　これは産業の空洞化と共に顕現化してくる分断や格差の問題を地域レベル

でどう解消していくかという視点につながる。表出した社会問題や格差をどのように民主的にアプローチし解決に導いていくか、双方の政策視点を持つ必要がある。地域の経済成長と衰退をみていくうえで、地域レベルの社会問題とどう関わり合っているのか、地域経済と社会包摂の両方の視点から都市・地域を捉えなおす視点が求められよう。

2 アメリカのポスト産業都市にみる分断と再生

(1) 包摂のコミュニティ

　ポスト産業都市において、分断を超えて包摂的な都市を形成していくための方策の必要性はアメリカでとくに高まりつつある。マラックは、かつては繁栄を誇り、豊かさを享受してきたアメリカの巨大な産業都市が人口減少と経済的混乱のなかで苦しんでいる実情を描いた（マラック 2020）。

　そのなかでまず、エッズ＆メッズと呼ばれる教育産業と医療産業が製造業に置き換わるまでになったことに注目している[注3]。かつての工業都市は、製造業の衰退とともに、主要産業はエッズ＆メッズ（教育と医療）、娯楽、文化、観光産業に置き換わった。とくに医療と高等教育は経済エンジンであり、これらの施設は互いに集まる傾向があるので、間接的に医療従事者や学生の経済活動によって地域経済が支えられている。しかし、大学や医療を中心とした施設型の経済は格差や不平等の解消には至らないとしている。かつては産業が富を生み出し、富が快適性や消費文化を生み出すと考えられてきたが、これらの産業には当てはまらない。生産よりも消費する場所としての性質を強めていくからである。

　現代の都市で重視されているのが、都市の「シーン」であるとマラックは指摘する。快適性や消費文化、アメニティがあるエリアに集積し、臨界点を超えるとシーンが形成される。シーンがあると人びとが惹きつけられ、活動を共有し、その雰囲気のもとで価値観の近い人たちとシーンを共有し、その地域の価値を形成していく。人びとはもはや仕事を求めて都市や地域に移動

するのではなく、そうしたシーンに惹きつけられて移動することから、都市は生産ではなく消費や快適性の観点が重視される時代になりつつある。

　本来、都市は域外からの金銭を獲得し、多様な人びとを惹きつける継続的な力だけでなく、低所得層のチャンスを拡大する機会も生む場であった。しかし、消費の性質を強める都市は経済の性質を変え、生産活動にアクセスできない人びとを取り残す。都市がエッズ＆メッズの復興やシーンなどの消費文化により再生を果たす一方で、その恩恵を享受していない人たちにまで範囲を広げようとするならば、マラックは二つのことを同時にする必要があるとしている。一つは地域独自の経済政策の必要性である。それはスキルを持った労働力と持続可能な地域経済の土台を築く一方で、平等で包括的な都市再生のモデルを作り出し、今は大きく取り残されている人たちのチャンスを増やす政策であることが求められる。第二に、それは国や民間によってもたらされるのではなく、地域政府、地域の非営利組織や財団などの役割とマネジメントが重要になってくると強調している。分断が進むアメリカ都市において、社会包摂とチャンスへの道筋を開いていく必要性が高まっている。多くの人が満足のいく生産活動、生産的な生活に携われるような機会を提供することが求められる。

　ラジャンも同様に、市場や国家のバランスの不均衡についてコミュニティ再生に処方箋を見出し、「包摂的ローカリズム」を提唱している（ラジャン 2021）。地域のインフラ、能力育成の手段、コミュニティレベルのセーフティネットを強化することにより、機会を広げてアクセスを促し、平等化していく。市場、雇用、能力、セーフティネットに誰もがアクセスできるように、コミュニティを分権化すると共に、人びとが権利意識を持つようにする。包摂とアクセスへの筋道がコミュニティ再生の鍵であることを示唆している。

(2) コミュニティ開発

　では、産業の空洞化によって衰退した都市や地域はどのように再生しようとしてきたのか。アメリカのコミュニティ開発は住民の自発的行為を促す手法として注目される。矢作・明石編（2012）では、アメリカの衰退地域におけ

るコミュニティ開発と都市再生を促すファイナンスに着目している。アメリカ社会が直面する都市の危機は、インナーシティ問題を超えて、郊外にまで貧困地域が拡大していることにある。民主党と共和党の間で政権交代を繰り返すことにより、都市政策もケインズ主義から新自由主義・ネオリベラリズムに大きく舵を切った。それにより、都市政策における金融支援も補助金を活用した直接支援から、市場活用型に転換したとされる。アメリカのコミュニティファイナンスは、そうした転換期に生まれてきた都市再生の手法の一つとして注目される。

　1990 年代半ば、クリントン政権時代に「コミュニティ開発金融機関」(Community Development Financial Institution：CDFI) を支援する CDFI ファンドが設立された。コミュニティにおいて社会的、経済的正義を実現させることが、その使命である。資金・サービスの流れは、連邦政府・州政府・地方政府から、CDFI としての中間支援組織等へ、さらに NPO、社会的企業を通して低所得者等に波及する注4。興味深いのは、CDFI にとどまらず、コミュニティファイナンスをコミュニティの再生に関与する資金と広く解釈していることである。地域に飛び出し中小企業に融資するようになったクレジットユニオン、商店街活性化のために地区内の不動産所有者から擬似不動産税を集めるビジネス改善地区制度（Business Improvement Districts：BID）などを含んでいる。さらに、コミュニティ・アートの支援策や、食料砂漠（food deserts）問題に関与し、地道かつ自発的に都市の再生を促していく。

　都市・地域再生のため、非営利組織などの経済主体が行政と連携、あるいは行政機能を代替していくには、活動資金の調達が最も大きな問題であろう。アメリカでの先進的な取り組みは、それを担うのが地域コミュニティの人びとの自発的な行為にほかならないことを改めて教えてくれる。

3　デトロイトにみる再生の芽

(1)　破綻から再生へ

　産業の空洞化によって衰退した都市の歴史から学ぶことは大きい。産業都市が衰退し、それを克服する過程で、新たな産業を創出しながら地域課題を内発的に克服し変貌を遂げていくことに着目したい。ネオリベラリズムによる格差、中流社会の後退がグローバルレベルで問題となるなか、分断の克服は先進国共通の社会課題といえる。

　アメリカ中西部、ラストベルト（錆びた工業地帯）の象徴とされるミシガン州デトロイト。デトロイトはビッグ3のGM（ゼネラルモーターズ）、クライスラー、フォードの発祥の地であり、かつては自動車産業や鉄鋼業で栄えた。しかし、グローバル競争で生産力は削がれ、工場は相次いで閉鎖、産業は空

写真 3・1　廃墟のまま置かれる自動車工場

洞化し雇用が低迷していった。1950年代に180万人だった人口は現在68万人ほどで、これほどまでの減少を経験した都市は他に類をみない。2013年、デトロイトは連邦破産法の適用を申請して事実上、財政破綻した。負債総額は180億ドルを超え、アメリカの自治体破綻としては過去最大となった。

2016年の大統領選挙中に訪問したが、ダウンタウンは想像を超えて空き家だらけで、工場も廃墟のまま放置され、荒廃ぶりは凄まじかった[注5]。犯罪の温床となっていることは容易に想像できた。比較的裕福な人びとはダウンタウンから移動し、エッジシティ（郊外）を転々とするが貧困層はダウンタウンにとどまる。現在でも全米の4分の1の自動車生産が近辺にあるものの、デトロイトから流出し工場やサプライヤーの郊外化が進んできた。日系自動車産業も多く進出しており、2016年時点でミシガン州では日系企業491社、雇用約4万人、隣接するオハイオ州では日系企業461社、雇用約7万人の規模となっている[注6]。

写真3・2　廃墟となったミシガン・セントラル駅
2018年、フォード・モーターが買い取り自動運転や電気自動車の開発拠点に

他方で、自動車産業の成長による都市の発展は文化を豊かなものにした。4大スポーツであるアメフト、野球、アイスホッケー、バスケットのプロチームの本拠地が全米で唯一揃っている。デトロイト美術館などの文化資源に恵まれ、音楽ではモータウン発祥の地でもある。全米一の規模の野外ジャズフェスティバルも開催され、文化都市としての性質も持つ。また、都市景観は美しく、ウォーターフロント沿いにさまざまな建築様式のビルが並ぶ。ネオゴシックスタイルで設計されたワン・デトロイト・センターのコメリカ・タワーは、アール・デコスタイルの超高層ビルに調和するように設計された。GM本社のルネッサンス・センターと共にデトロイトを象徴する都市景観を形成している。

　1980年代あたりから日本車の台頭により自動車産業が深刻な打撃を受け、企業は社員を大量解雇し、関連企業の倒産も相次ぎ、市街地の人口流出が深刻となった。ダウンタウンには浮浪者が溢れ、治安悪化が進み、2000年代は全米で最も危険な街とされるようになった。

　2013年7月、連邦破産法9条の適用を申請し、事実上、財政破綻した。その前に、GMとクライスラーが破産し、地域経済に大きな打撃を与えた[注7]。GMは2009年に連邦倒産法第11章の適用を申請し倒産、国有化された。2013年、アメリカ合衆国財務省が保有するGMの株式すべての売却が完了し国有化が解消された。当時のオバマ大統領は企業破産には救済処置を講じたが、デトロイトの破産について直接の救済処置はなかった。連邦政府は廃墟家屋の撤去、路面電車の建設、公共バスの資金を提供している。破産後、16カ月の間に官民を含む復興計画を達成し、長期負債の再編、街灯、治安、廃墟家屋の撤去にも資金が割り当てられている。廃墟家屋の数は膨大で、2016年当時、毎週100〜150件を処理し、4.5万件撤去していた。目標の処理数は8〜10万件とされていた[注8]。

　人口流出が進んだデトロイトだが、近年では新たにダウンタウンやミッドタウンへの人口回帰もみられるようになり都市の息吹を取り戻している[注9]。デトロイト近郊のノバイなど新たにニューシティが形成され企業や人の集積がみられるようになってきた。それを支えるのが自動運転化技術などカーコ

ネクティビティ産業による需要拡大で、ノバイには日系企業も進出するように
になり、ミシガン州ではデトロイトよりも日本人が多く住む街となっている。
産業の盛衰と地域の勃興、盛衰は一体であることがみてとれる。

(2) 都市再生とスモールビジネス

　矢作（2020）では都市再生の定式として、第一に歴史的遺産の再生、第二に
荒涼とした地にスモールビジネスなどの小さな芽から再生が始まることを指
摘している。デトロイトではその定式による都市再生が起こっている。再生
を主導したのは起業家 D. ギルバートであった。不動産売買をおこなう「クイ
ッケンローンズ（Quicken Loans）」を率い、デトロイト再生に向けて空きビル
を買収していった[注10]。歴史的建築物として名高いビルも多く含まれ、それ
らをオフィスや高級コンドミニアムにリノベーションしていった。歴史的建
築物に対する税額控除制度を利用して安値で買い取ったビルは 100 棟を超え
るとされる。荒廃していたビルを買収して修復しながらビジネスを育ててい
くという手法を取った。郊外に拠点があるビジネスの都心回帰を促し、起業
支援のため、ベンチャーキャピタルのデトロイト・ベンチャー・パートナー
ズを設立し、買収したビルに入居させていった。ダウンタウンの通りは荒廃
の跡とリノベーションした新しい飲食店やショップが混じり合い、独特の景
観と雰囲気を醸し出している。都市の栄枯盛衰が表象となった場が人びとを
惹きつけている。

　自動車産業都市は公共交通が不毛であったが、交通の転換もみられる。デ
トロイトは財政破綻後、ダウンタウンからミッドタウンをつなぐ LRT（軽量軌
道交通）の「Q ライン（Q-Line）」を設営した。破綻した市は資金を拠出できず、
民間が主導し、連邦政府が補助金を拠出した。この際、クイッケンローンズ
が名付け権を取得し Q ラインとなった。毎年 9 月に開催される全米一の規模
の野外のジャズフェスティバルでもスポンサーとしてクイッケンローンズの
看板が至るところに掲げられており、影響力の大きさを物語っていた。デト
ロイトは再生と共に人口動態にも変化が現れ始め、2000 〜 2010 年は 25.0%
の減少率であったが、2010 〜 2020 年には 5.8%減にとどまっており、2016

〜2020年は0.7%減であった[注11]。まちの再生と共に人口が底打ちしつつあることがわかる。

(3) 社会包摂のコミュニティ

　一方で、地域課題を克服するような活動や共助のコミュニティなども生まれつつあった。アーティストらがデトロイトに移住し、空き家を拠点に廃墟をモチーフにした独特の作品群を生み出していた。また、空き地では都市農業が芽生え、緑の再生もみられる[注12]。地産地消で野菜工場を営むシニア起業家に話をうかがったが、新鮮さを売りに付加価値を付け高級スーパーに卸していた。ソーシャルビジネスやスモールベンチャーの起業家が集うコミュニティがいくつかみられ、そこでは包摂の要素がみてとれた。

　郊外にある Green Garage（グリーン・ガレージ）はスモールビジネスやソーシャルビジネスを中心に 50 の起業家が集まる異業種のコミュニティである。

写真 3・3　Green Garage
自動車ショールームをリノベーションしたオープンなローカルコミュニティ

2011 年にブレナン夫婦が開業し、自動車ショールームをリノベーションし、コワーキングスペースに変えた。持続可能なローカルエコノミーを築いている。週1回、地域の住民にも開かれたランチ会が開催され、コミュニティから小さな経済活動が生まれる場となっている。集まる人びとは人種も多彩でローカルのコミュニティ活動が根付きつつあった。

　また、デトロイトで有名な社会包摂のコミュニティとして Down Town Boxing Gym（ダウンタウン・ボクシングジム）がある。元ボクサーの夫婦が廃工場をリノベーションし、貧困地区の子どもら 130 人ほどに、放課後、ボクシングと勉強を無償で教えている。本格リングを設営し、小学生から中学生まで女子も多く、みな嬉々としてトレーニングに励んでいた。デトロイト市の発表している統計では子どもの 6 割が貧困生活を強いられているとされる。ボクシングで鍛えることによって意欲の向上にもつながり、学業に取り組む力が付いているとされる。地区の進学率はとても低いものであったが、ジム

写真 3·4　Down Town Boxing Gym
廃工場をリノベーションした子どもたちのボクシングジム

に通う子どもたちは全員が高校進学し、89％がさらにカレッジに進学している。ボクシングジムのほか、ドラムやピアノを置いた音楽スタジオ、クッキングスタジオも備え、子どもたちの才能をあらゆる方向で伸ばしていた。安全面から自宅までバスで送迎もする。運営は夫婦のほか、スタッフ5人、ボランティア50人の体制で卒業生も支援に加わり人材の循環も生んでいる。運営費は全額寄付でおこなわれていることが特徴で、ミシガン州出身の歌手のマドンナをはじめ著名人、大手金融会社、不動産会社などが寄付者に名を連ねている。アメリカの寄付文化を象徴している。ちなみに、アメリカは個人寄付総額が名目GDPの1.44％を占めており、社会課題解決に向けておこなう寄付や社会的投資が他国に比べて活発である[注13]。

　デトロイトのような現代アメリカを象徴するポスト工業都市に、このような都市再生の芽や共助のコミュニティが生まれている。巨大企業と巨大都市の破綻は市場の失敗と政府の失敗を象徴している。その修復は地道な小さなコミュニティやビジネス、歴史的建造物や空き家スペースを活用し、アート、文化、農業、包摂的な居場所づくりなどを通しておこなわれている。その道筋を付けるのは起業家の役割であることも示唆している。生産機能は新たな都市に移転していくが、地域に根付いた資産をリノベーションしたり転用したりしてスモールビジネスやコミュニティの活動の場として再生させている。地域課題へコミットし、小さな芽が生まれてくる過程で、それらが束となって衰退からの克服が少しずつなされつつある。ポスト工業都市ならではの歴史と伝統を持ちながら新たな文化が築かれている。

　他方で、社会に根深い分断はコミュニティでは内包できないものとして存在し続けている。かつて工業都市で働いていた労働者層は高齢となり、地域に定住できず各地を転々と移動する「ノマドワーク」となっている。それは現代のアメリカを象徴する社会問題となっており、現代資本主義の矛盾と限界を突きつけている[注14]。産業都市の衰退の問題は単に企業や都市、地域だけの問題でなく、世代や職業の分断を露にし、それが目に見えるかたちで社会化していることにある。

4 分断と包摂

(1) オーセンティシティと分断のジレンマ

　従来、都市・地域のかたちは都市計画や建築など都市空間の配置から論じられるのが一般的であった。ジェイコブズは、都市固有の魅力、人の交流、商業活動、古い建物の混合利用など、都市空間の公共性に光を当てた。その後、都市の多様性から地域経済の盛衰を論じるようになる。小さな経済主体がつながって、生産活動や交流の複雑さを生むことが都市を発展させると説いた。ジェイコブズが 1960 年代に展開したまちづくり・都市論と 1970 年代から 80 年代にかけて論じた地域経済論は同時に論じられることは少ないが、双眼の視点で都市・地域を捉えていることが彼女のオリジナリティであるといえる。小さなビジネスやコミュニティの動きが生まれるまちのあり方を公共空間と経済のあり方から考えた。生産活動、イノベーションなど新規性が生まれる条件に重きを置いており、この原則は現代でも古びない。

　しかし、現代の都市や地域はより複雑になっている。産業の空洞化によりインナーシティ問題など都市の荒廃が散見されるようになり、さらにそのエリアにジェントリフィケーションが起こると、都市のかたちは文化的・消費的色彩を帯びて、場の意味自体が変容していく。自然に、都市計画やまちづくりの視点も生産を重んじていた傾向から、消費や文化、コミュニケーションなどに力点が移るようになる。これはマラックがいう「シーン」に近い。都市・地域のかたちを消費社会の変容から読み解く作業はますます重要になってきている。

　そこに先鞭をつけたのが、シャロン・ズーキン（2013 原著 2010）であった。大都市ニューヨークを舞台に、民主的、文化的に再生した都市の本質を「オーセンティシティ」（真正性）に見出した。オーセンティシティは「都市に住み、働くすべての人びとの場を形成するための恒久的な権利」とされる。消費社会の変容のなかで個人の価値観が顕現してくる場や相互作用に注目し、都市空間の新たな可能性を導き出している。文化的・消費的文脈から、アー

ティストや文化人、移民、まちづくりの活動家たちが、本来の都市の由来を忘れずに、新しいイメージを付加させていって、都市のオーセンティシティをどう築いていくかが描かれている。

　オーセンティシティは都市の潜在性を文化面から高めたが、しかし、手放しには賞賛できない。消費嗜好によって「分断」も顕在化させた。そのひずみ、ジェントリフィケーション、社会的排除についてズーキンは警鐘を鳴らしている。オーセンティシティもシーンも消費トレンドによって規範がゆがめられやすい不安定さを抱えている。

　世界的にみて、「分断」は昨今の最も大きな社会課題であるが、都市の限られた空間をみても、再開発により不動産価値が上昇し、店舗や住宅の性質が変わることによって低所得者、社会的弱者を排除してしまうことになる。結局は、経済的分断という帰結を生む。民主的に形成された洒落た空間に居心地の良さを感じ、オーセンティシティ、ホンモノ志向の消費を追求するほど社会的排除が進んでいくという矛盾にどう立ち向かえばよいのか。

　ズーキンがニューヨークを対象に論じたようなことが、日本の都市でも顕現している。東京や大阪でも新住民によるエリアのリノベーション、タワーマンションなどの立地により不動産価格の高騰が起き、以前からのまちのかたちをスクラップ＆ビルドして書き換えられてきた[15]。たとえば、木造密集地に長く住む旧住民と大規模マンションの新住民が混在したエリアの中で、これまでとは異なる異質性がみられるようになった。それぞれが共存しながら、排除し合わずまちをどう変えていくことになるのか。洗練された都市的ライフスタイルを享受すること自体、恵まれた条件をもつ者といえる。もたざる者は、匿名性の消費社会のなかで、ますます匿名性を高め、没個性的存在になってしまっている。難しいのは、人びとが積極的に選びとった行動というよりは、無自覚的な個人の選好、消費行動一つで、都市・地域のかたちを変え、経済的弱者をそこから追い出してしまうという点にある[16]。

　では、オーセンティシティを見出しながら、社会的排除から社会的包摂へ、どのような方法で都市・地域社会の転換をけん引していけばよいのか。都市・地域のかたちを民主的に審美的に再生させつつ、分断を回避し、いかに包摂

していくか。こうした課題に対してなんらかのアクションを起こしていくためには、経済政策とまちづくりと両方からアプローチする必要がある。

(2) ネオリベラリズムの地域政策からの転換

　格差の拡大などによって社会の分断がさまざまなフェイズで顕在化するなか、先進国では高所得者層と中間層の格差が拡大し、富の偏在があらゆる社会問題を引き起こすまでになっている。日本でも経済的側面だけでなく分断や格差などの問題に地域レベルでどのようにアプローチしていくのか、デトロイトの例からも社会包摂やまちづくりからの視点が欠かせない。人口減少、産業構造の変化、産業の空洞化などにより、地域が転換フェイズに差しかかると、経済的課題だけでなく、さまざまな社会課題も抱え込むようになる。雇用機会の創出、新たなコミュニティの形成、格差・貧困地区の是正など、多様な要素を含めて地域のあり方を模索していくことになるだろう。

　都市・地域の社会問題を振り返ると、1980 年代半ばからの規制緩和のなかでネオリベラルの政策により、グローバルレベルで社会格差が問題となってきた。公共サービスを民間資本に委ね、国家が推進する形で規制緩和が推し進められてきたが、東京一極集中が加速していったのもちょうどこのような規制緩和の時代に重なる。さらに 2000 年代以降、構造改革の名の下でよりネオリベラルの政策が進められていく。特区を設けそのエリアで大胆に規制緩和をしていく手法は、大都市で大規模開発を誘引していった。都市政策と経済政策の自由化が地域間格差を大きなものにしていったといえる。

　ネオリベラリズムの強い都市政策はグローバルな展開のもとで社会格差を生み出していった。それは、大都市と地方間の地域格差、巨大都市圏への集中など国土スケールの問題と、巨大都市圏内部の都市内格差問題という都市スケールでの問題から構成される。城所・瀬田編 (2021) によれば、これら二つの異なるスケールでの社会格差問題が同時に起きている点がネオリベラリズムの特徴とされる。

　ネオリベラリズムからの転換を地域の内発的な動きから探る。都市や地域の変容を経済面だけでなくコミュニティや社会包摂も含めて捉えなおす必要

が高まっている[注17]。

5　再生から地域の価値を問い直す

　これらを踏まえ、地域には経済とまちづくりの双眼の視点が必要であることがわかる。現代はそれらがより接近した領域にあるといえよう。以下、論点をまとめる。

　第一に、産業の盛衰により地域はどう変化するのか、産業の衰退を経験した都市や地域では社会包摂を含んだ視点がより重要となってきている。経済活動にとどまらず、そうした社会包摂を含んだ網の目がセーフティネットとして機能するような地域づくりが求められている。それらは都市において消費や文化活動が優位になるなかで、オーセンティシティから探られていくものともいえる。その基準を探る過程で都市や地域のイメージを再形成していくことにつながるが、同時に分断を乗り越える要素を織り込んでいく。地域の中での社会的課題の克服を、小さいながらも生産活動やコミュニティビジネスにつなげていくことが求められる。

　第二に、スモールビジネスや社会包摂のコミュニティを根付かせるためには、異質性の入る空間を意識的に用意していく必要性もみえてくる[注18]。人口減少下に生じた、空間の余剰ストックには異質性の入る隙がある。異質性や多様性を折り込んだコミュニティの場をマネジメントしていく視点が求められている。社会的な問題の克服に主体的に向き合うコミュニティが必要となっており、それらの台頭は都市や地域の社会・経済環境が変化するなかで地域の価値の本質を問う試みといえる。

　第三には、これら二つの視点から地域をマネジメントする主体の存在の重要性である。地域レベルで社会的起業家のような役割を担う主体の必要が高まっている。

　「私」だけでなく「公」と「共」がどう動きつつあるのか。地域ごとに異なり、都市と農村、地方都市ではその領域も大きく異なり、それは必ずしも一

様には論じられないが、共通してみられるのは分断や格差を是正するための
場としてコミュニティの場の必要性である。

　コミュニティの場は、マラックが指摘するように、地域内の小さい範囲で
生産活動に携わり、顔のみえる関係性の構築を重視しており、生産活動や生
産的な生活に携われる機会の創出につながっている。自立・自足するための
生産は保持していく必要がある。地域内にこのような生産と共助を含んだコ
ミュニティの場を創出し運営していくためにも、ネオリベラリズムからの転
換を促す主体の役割の重要性は増してきている。こうした内発的な主体性を
創出するマネジメントの役割が「私」だけでなく「公」や「共」の分野でも
高まっている。

　続く第4章では、産業の空洞化からの転換とまちの変容を捉える双眼の視
点で、都市の再生の事例を取り上げたい。自動車産業の企業城下町であった
イタリア・トリノの経験である。人口減少の縮小都市であるトリノを取り上
げ、産業都市からどのような都市転換をはかったかを読み解きたい。人口減
少や脱工業化が進む日本の都市や地域のあり方にヒントを与えてくれる。

◆注

1　日本はフルセット型の産業構造・技術構造を構築してきたが、その基盤的技術は大田
　区や東大阪などの中小企業が担ってきた。関（1997）はそうした工業集積を技術の空
　洞化問題から捉え、基盤的技術が集積する地域では「技術の歯抜け状態」となってい
　ることを指摘した。高度成長期をつうじて、大都市の工業集積では、中小企業間で各
　加工機能の激しい競争が高度に専門化した技術を可能にし、発注側の大企業はそうし
　た工業集積を空気のような存在とみなし広範にモノづくりを任せてきた。しかし、
　1990年代以降、中小企業の転廃業、若年労働力不足、有力受注先の海外展開などによ
　って技術の空洞化が進展し、地域全体の技術レベルの低下が問題視されるようになっ
　た。そこで関は「マニュファクチュアリング・ミニマム」といった概念を提示、国あ
　るいは地域が「創造的なモノづくりを実現していける最小限の組み合わせ」と定義し
　た。そして日本の大都市工業集積の役割を東アジアや中国との国際的分業関係のな
　かで位置づけていくことの必要性を説いた。

2　本多（2013）を参照。大都市の産業集積の縮小は、都市の成熟化のなかで必然として
　起きており、その際の地域政策は産業政策の視点だけでなく、都市問題からのアプロ
　ーチの役割がより重要になってくるとしている。

3 第2章でみたように、日本でも同様の状況がみられる。市町村ごとの産業別従業者数の変容に着目すると、1980年代半ばには5割強の市町村で従業者数1位の産業は製造業であったが、海外の現地生産が拡大するとともに減少し、対して、医療・福祉の従業者数が最多の自治体が急増した。従業者1位産業は、製造業から医療・福祉、サービス業、小売業、教育・学習支援業などに置き換わった。いずれも非正規雇用比率が高い。平成の地域雇用の特徴は、産業別就業数の変化だけでなく、雇用形態の二極化も同時進行したことにある。非正規雇用比率の高い業種のほとんどは対人サービス業で、構造的に人手不足の対人サービス業だったので地域労働需要が高まったが、賃金は下がった。

4 明石（2012）はCDFIの代表事例として、アパラチア山脈北部のケンタッキー州南部に位置する「ケンタッキー・ハイランド投資会社」を挙げている。1968年に「貧困との闘い」を目的に設立され、高い失業率と貧困率、低所得者層が多い地域を対象に、ベンチャーキャピタル戦略を志向していく。アントレプレナーを育成し、資金を投じて、地域の課題解決に結びつけていった。劇場、コミュニティセンター、職業訓練学校等を新設、全コミュニティに水道と下水道処理施設を設置、200以上の農家に貸付したり、救急救援サービスを改良したりするなどの実績をあげてきた。その結果、約3600人の新規雇用が生まれ、貧困と失業を解決していったことが全米で話題を呼んだ。

5 2016年9月滞在中、矢作弘先生と現地在住のランカー弘子さんに案内いただき、デトロイトの都市再生と凋落の現場を回った。2004年にも同地の日系自動車関連産業を調査し滞在した。

6 現地の日本領事館にヒアリングした際の提供資料による。

7 ドキュメンタリー映画「アメリカン・ファクトリー」（2019年、スティーヴン・ボグナー、ジュリア・ライカート監督）ではオハイオ州のGMのサプライヤーが中国企業に買収される様子が描かれる。地域の雇用を維持したものの、労働組合を作らせないなど中国企業の制度を現地で適用していくことにより生じる分断を描いている。

8 日本領事館でのヒアリングより。

9 矢作（2020）にデトロイトの財政破綻から再生への変容の諸相が定点観察により克明に描かれている。「訪ねるたびに、街の表情が変わっている。2010年頃は、二日酔いの青ざめた顔をしていた。街に血の気がなかった。その後、街角にうっすら紅が差すようになった。間もなく夜景――ビルの窓辺に深夜まで明かりが煌々と点くようになった。薄暗くなっても、街歩きに危険を感じなくなった。高層ビルに挟まれた隘路に、ワインバーやカフェ、アートスタジオが並び始めた」。(p.164)

10 同上、pp.168-176を参照。

11 同上、p.165を参照。

12 岡部（2020）はデトロイトの放棄宅地での都市農業に着目している。都市農業は効率的で生産主義ではない、市場の「外」だからこそできる農のフロンティアがあるとしている。

13 個人寄付総額と名目 GDP に占める割合をみると、アメリカ 30 兆 6664 億円（名目 GDP 比 1.44%）、イギリス 1 兆 5035 億円（同 0.54%）、韓国 6736 億円（同 0.50%）、日本 7756 億円（同 0.14%）である。日本は相対的に低いことが分かる。『寄付白書』2017 年版を参照。

14 2021 年の米アカデミー賞作品賞・監督賞・主演女優賞に輝いた「ノマドランド」はアメリカ産業都市の空洞化から生じる分断を描いた作品である。しかしそれを単に陰の部分として描かず、大地の雄大さのなかに生きる人間の生を照射した。ノマドとは現代の遊牧民で、家を持たずキャンピングカーで流浪する人びとをいう。リーマンショック以降、ノマド暮らしをする高齢者が増えているとされる。主人公はフランシス・マクドーマンド演じる 60 代女性。かつては夫と共に企業城下町で暮らしていたが、工場と家はおろか町ごとなくなり郵便番号まで消滅、地図上から消し去られた町を後にする。今ではクリスマス商戦の時期にアマゾンの配送センターで働き、夜はキャンピングカーで寝泊まりする。主人公のみならず初老の仲間もキャンピングカー暮らし。繁忙期が終わると、夏はキャンプ場の管理に掃除、じゃがいも畑での収穫、ファーストフード店を渡り歩き、その日暮らしの稼ぎでつないでいく。

　この映画が興味深いのは、こうしたノマドワークを現代資本主義が生み出したひずみと単純化してとらえていないことである。自らが選びとった自由が先立ち、仕事は二の次、あくまで手段と割り切っている。アマゾンの配送センターはグローバル資本主義の矛盾の象徴、モノは欲望の象徴でヒトも機械の一部のように描かれるが、主人公たちは別段に意味を見いださず、そういうものと割り切っており、アメリカの広大さ、自然に抱かれながら風の吹くまま渡り歩く。貧困に窮してやむを得ずというより、会社や家族や地域、現代のシステムから外れ、自由に生きたいと欲し、自然の赴くままに身をゆだねるノマドたち。分断社会や貧困、格差といった一面的なレッテルを張るのではなく、ライフスタイルや働き方に規範はもはや存在しないことを中国出身のクロエ・ジャオ監督があぶり出した。

15 鰺坂・西村・丸山・徳田編（2019）は、近年の大阪の変化を丹念に調査し、都心回帰から大規模マンションのアッパーミドル層と周辺部マイノリティの社会問題の分断の諸相に迫っている。

16 たとえば、大阪の産業の盛衰を投影して大きく変化したのは天王寺公園や大阪城公園などの都市公園である。天王寺公園の「てんしば」には緑の芝生が広がり家族連れや若者で賑わう。かつては労働者層のたまり場であったが大きく変わった。民間企業が自治体から委託を受け運営や整備をするようになり、あべのハルカスを運営する近鉄不動産が天王寺公園を整備している。大阪市はこれまで維持管理費を支出していたが、今では同社から使用料を受け取り収益を生む場に転じた。レストランやカフェ、農産物直売所、ビールイベントなど、緑地で味わえる食のゾーンを充実させ、フットサル場や屋内のプレイランド、アスレチックスペースなども整備された。

　天王寺公園をモデルに国は 2017 年に都市公園法を改正した。公募で選ばれた業者が

店舗を営業し、そこで生まれた収益をもとに公園を維持管理していく仕組みで、Park-PFI（公募設置管理制度）と呼ばれる。国や自治体が財政難にあるなかで民間資金や手法の導入は地域を維持するために必要な仕組みとして定着しつつある。自治体側は民間事業者が適切な収益を生みつつも必要な整備がなされているか、利益と社会投資のバランスをウォッチしていく必要がある。他方、これまで天王寺公園に引き寄せられていた人びとや労働者層は姿を消した。隣接する新世界も国内外の観光客が目立ち、かつての労働者は高齢化し減少したこともあるがより見えづらくなっている。都市開発はオリンピックや万博などのビッグイベントをきっかけに加速する。再開発は生まれるものと同時に失われるものの入れ代わりを象徴している場である。再開発により都市問題が見えづらくなっている。

17 たとえば、Wong（2021）など、コロナ禍でネオリベラリズムの弊害を問い直す論考が海外でも目立つ。

18 工業化時代の建造物をリノベーションして、地域の記憶として継承する際に「異質性」をどう組み込んでいくかが建築や都市計画の分野では盛んに議論されている。岡部（2016）は「近代システムが支配している空間では、異質な他者と出会える機会を奪われているが、人口減少下に生じた余剰ストックには異質性の入り込む隙きがある」としている。建築、まちづくりの分野では都市の新たな要素として、シェア、価値の不確かさ、脱着可能性などに着目し、いわば「私」と「世界」の動的な相互作用に価値を見出しているといえる。

第4章

イタリア・トリノにみる
産業都市の転換力
―都市の変容プロセスとリノベーション―

　産業構造の変化とともに、大幅な人口減少や地域衰退を経験したイタリア・トリノの歩みを産業史と都市再生の双眼の視点でみていくことにする。産業の空洞化、脱工業化とともに、一度、衰退した地域がどのような変化をみせていくのか、産業構造の転換力ともいうべきその内的な力学に注目する。自動車産業フィアット社の企業城下町であったトリノの産業構造転換は、産業の空洞化から生じる都市の課題への向き合い方にヒントを与えてくれる。コミュニティレベルでの社会包摂的な雇用創出事業やベンチャー支援に加え、脱工業化から観光都市への舵切りなど、衰退克服のプロセスから現代の都市のあり方について考えたい[注1]。

1　自動車企業城下町としての都市史

(1) フィアットの隆盛

　イタリアは中小企業が多い国であり、以前から日本との類似性が指摘されてきた。大量生産を支えてきたフォーディズムからの転換のヒントが、イタリアや日本に根付く中小企業のネットワークにあると考えられてきたからである。

　第二次大戦後、イタリアは日本と同様に高度経済成長を経験してきた。

「イタリアの奇跡」と称されるほどの経済成長を遂げたが、それをけん引したのは製造業における大量生産と輸出であった。北部を中心とした自動車産業、工作機械、農業用機械などの成長は目覚ましく、なかでも包装機械、食品加工機械、印刷機、繊維機械の国際競争力は高かった。工業化による経済成長は、都市への人口集中・労働需要、農村からの労働供給・人口移動を生じさせる。南部から北部の工業都市へ、大量の労働者が高賃金と洗練された都市生活を求めて吸い寄せられていった。

　トリノはイタリア最大の自動車メーカー、フィアット発祥の地として地方の労働者が多く移り住む地ともなった。フィアットは自動車を筆頭に、鉄道車両や航空機製造も手がけ、出版、新聞社、放送局、金融業までも持つ巨大産業である。フィアット王国の創業家のアニエッリ家は経済界のみならず、国政、メディアへの影響力も多大なものであるとされてきた。それを象徴するのが、北から南まで高速道路を通したのもフィアットの力とされていることである。自動車普及の礎を築いた。そもそも FIAT という社名は、FABBRICA ITALIANA AUTOMOBILI TORINO（トリノ自動車工場）の頭文字を取ったもので、トリノという地名のみならず、イタリアの名もしっかり刻み込まれている。設立は 1899 年、戦前は国策企業として歩んできた歴史を有する。

　戦後はイタリアの経済成長をけん引しながら、南部労働者を北部の憧れの地へといざなってきた。シチリア、カラブリア、プーリアなど南部の農村からトリノを目指し人びとは押し寄せた。「北部に行けば豊かな生活ができる」と信じて、次々と移住していった。じつに 1958 年からの 5 年間で約 130 万人が南部から北部へ移住し、その半分以上がトリノを目指したとされる。トリノでの近代的な生活を夢みて、自動車工場の流れ作業や部品工場で働いた。

　1955 年、フィアットは大衆車フィアット 600 を、続いて 1957 年には現在にも続くロングセラーとなる新フィアット 500（チンクエチェント）を発表し、4 人乗りの小型車市場を切り拓いていく。イタリアの国民車として人気を博し、ヨーロッパ全土にも輸出され、以後 1977 年の生産終了までに通算で約 400 万台が製造された。トリノのフィアット 2 工場、リンゴット工場とミラ

フィオリ工場はフル稼働のフォーディズム生産で多数のライン労働者を吸収していったのであった。

　1960 年にはローマオリンピックの経済特需に沸き、1961 年にはトリノは人口 100 万人を突破、イタリア統一 100 年を迎えた。このあたりが一つのターニングポイントで、その後は高度成長によるひずみが生じるようになっていく。南部からの労働者は牧歌的な農村での生活を捨て、北部都市での工場生活を選んだものの、階級社会も色濃く残り、不利な状態に置かれたままであった。多くの暮らし向きはさほど良くならず、生活環境も労働環境も粗末なままであった。南部出身者だとまともな家も借りられず、店や飲食店では「犬と南部人、立ち入りお断り」の貼り紙がされていたほどであったという[注2]。陽気な南部気質と几帳面で細やかなトリノ人とは、そう簡単に折り合うはずがない。南北格差は社会階層の構造にも深く反映されている。

(2) 転換と衰退

　やがて、工場労働者たちは社会主義をまとい、戦闘的な労働運動を展開していく。政権も中道左派連合政権となり、労使間の激しい対立を招くこととなった。1969 年、「熱い秋」と呼ばれた労使紛争が勃発し、ストライキや怠業が頻発する激動の時代へと入っていった。

　アメリカ経営史の専門家であるピオリーとセーブルによれば、労働争議が繰り返されるなかで、1970 年代に入ると経営者は次第に生産の分散化を進めるようになったという[注3]。生産単位を分割して、大工場から独立した熟練工や中間管理職が設立した小工場に仕事を出した。それによって、フィアットなど大企業から流出・独立する労働者は数を増していった。つまり、労働者は職場を支配・管理したところで政治的な権力を得るわけでもなく、経営戦略や投資を決定する権利もない。その一方で賃金の平準化や技術の伝統的な序列の破壊に邁進するのは意味ないものと認識するようになったのである。だんだんと小企業に流れる労働者は増え、大量生産体制は根付かずに小企業が力をもつようになっていった。

　さらに、石油危機が追い打ちをかけ、重厚長大型企業は国際競争力を失っ

ていく。労働運動は賃金上昇をもたらしたが、企業にしてみればコスト増大、経営の危機を招いていった。1980年、ついにフィアットは2万3000人の労働者の解雇を発表した[注4]。労働組合はストライキを打ったが、すぐに争議は収拾となった。フィアットの中間管理職がストライキに対する反ストライキをおこない、混乱続きの社会情勢に嫌気をさしていたトリノ市民もこれに参加したからである。こうして長く続いた労働争議は幕を閉じたが、1982年にはリンゴット工場も閉鎖され、トリノ経済は打撃をしばらく引きずることになった。

　しかし、これを機にトリノは危機からの転換を図り、脱フィアットへ、脱工業化へ、政治的にも経済的にも新たな道を歩んでいくことになる。同時にイタリアの自動車産業は1990年の212万台をピークに生産台数は右下がりとなり、2010年には83万台とピーク時の3分の1近くにまで減少、対外的にも競争力を大きく落としていくことになった。

　EUの自動車生産台数は1980年1168万台、1990年1501万台、2000年1710万台、2010年1707万台と右上がりのなか、EU主要国でイタリアの減少率は著しく1980年161万台、1990年212万台、2000年173万台、2010年83万台とピーク時の3分の1近くにまで減少していった[注5]。自動車生産の世界勢力はこの間に変貌し、1990年には日本が首位であったのが、2000年には再びアメリカが復活し、ついに2010年には中国が首位に立った。EUに目を転じるとドイツのみが堅調に生産台数を増やしているが、フランスは1990年、イギリスとスペインは2000年がピークであった。イタリアはこれらの国と比べても大幅に生産を減退させていったのである。

　なお、フィアットの2012年の世界生産台数は212万台で世界13位であった。現在の3代目フィアット500（チンクエチェント）は2007年に発売され、生産拠点はトリノではなくポーランドとメキシコに移された。しばらくヒット作がなかったフィアットの業績回復に寄与した。現在はポーランドの生産が9割を占めており、エンジンも同国で製造されている。フィアット500はイタリアで製造されなくなったものの、世界中にファンを有し独自のポジションを堅持しており、デザインに優れたヨーロッパ自動車勢の一角を依然と

して担っている。

2 「第3のイタリア」と「第1のイタリア」

　第1章でみたように世界の長期的情勢から各国の経済産業史を描いたピオリーとセーブルは「柔軟な専門化」(flexible specialization) に着目し、ポスト大量生産時代の産業経済のあり方を展望した。中小企業のネットワーク活動によって支えられている「柔軟な専門化」は生産と消費のつりあいを調整するシステムである。ある産業地域が持続するかどうか、その分岐点は生産と消費のつりあいを確保しうる調整機構が重要であるとし、産業地域には「柔軟な専門化」が存在するか否かが地域の発展に影響するとした。

　とりわけ、日本の産業集積地とともに、職人による伝統工芸が発展している地域として「第3のイタリア」に着目した。第3のイタリアは中部イタリアのフィレンツェ、ボローニャ、北東部のヴェネチアの3地点を覆うエリアとみなされている。フィレンツェにはルネッサンスの往時を投影した絵画や建築が町並みと一体化し、ヴェッキオ橋には金銀細工の店がひしめき合っていて、職人芸の伝統が400年来残っている。また、水上都市ヴェネチアは世界中の観光客を集めるが、北にあるムラーノ島では東方貿易の貴重な輸出品であったヴェネチアングラスを製造しており、現在でもガラス工房での職人芸を間近に見ることができる。イタリアには伝統的な家族経営を基盤とする小さな工房が職人技を継承しながら、時代を超えて普遍的な価値を貫いて見事に存在し続けている。

　一見、これら古い存在と思われていた伝統的産地や中小企業は、ポストフォーディズムの時代に小さく持続するという可能性を提示し、いまや、中小企業によるネットワークに新たな資本主義の要素を見出すという視点は広く共有されるものとなった。産地はものづくりだけでなく、観光資源としての要素を強めていることもその背景にあるだろう。現代の消費のあり方は多様化しながらも、人間と自然の関係性を見つめなおす風潮も浸透し、伝統工芸

や地場産業への関心は再び高まっている^{注6}。

　しかし、第3のイタリアの産地も低価格競争と無縁ではいられない。2005年にボローニャとフィレンツェの中間に位置するプラートを訪れた。プラートは伝統的な繊維産業の町であり、世界的ブランドのオートクチュールやプレタポルテを手がける、従業員数人の小さな縫製工場が集積し、丁寧な職人仕事によって高級ファッションが支えられていたのを目の当たりにした。同時に、中国人移民による模倣品の店舗もそれ以上に目につき、当時、コムーネ（基礎自治体）人口の10人に1人が中国人であるとされていた。ミラノ・ファッションで発表された最新ファッションはイタリア国内で製造されるよりも早く、中国で模倣されるというのである。産地の手仕事も、低価格量産品のあおりを受けていた。消費社会はこれらの共存により成立しているのは紛れもない事実であるが、それら双方が一つの小さな都市に共存しているのは、移民を広く受け入れている国だからこそである。他方でグローバル化の浸透といえども、地域発のデザインや意匠が瞬時に国境を越えて模倣される矛盾がローカルに内在していた。

　さて、これら「第3のイタリア」に対して、「第1のイタリア」は大量生産時代の発展をリードしてきたイタリア北部の工業都市であるミラノ、トリノ、ジェノバの3地域を、そして、第2のイタリアはイタリア南部を一般的に指す。第3のイタリアにみる中小企業ネットワークがポストフォーディズムの担い手として脚光を浴びるほどに、第1のイタリアでは工業地域からの転換が模索されつつも、大量生産の産業都市は衰退の様相を浮かび上がらせていった。

　だが、大企業の危機から工場労働者の自立を通じて、小企業が再び勃興していくと、トリノはじめ第1のイタリアは転機を迎えることになった。経済構造や社会的関係、地方政治も垂直統合型から水平分散型へ移行していった。1970年代以降、プラートなどの産地では下請業者が連合化しはじめ、小企業群による技術革新が進んだ。エミリア・ロマーニャ州では農機具や建築機械の分野で小企業が成果を上げた。当時、トリノを含むピエモンテ州は最も工業化が進んでいたが、第3のイタリアの地域も工業地域の賃金水準とほぼ同

じとなった注7。さらに NC 機器（コンピューター化した工作機械）の普及により、トリノは小規模のオートメーション工場やロボット工場の集積地となっていった。小企業の新技術を促進する関連サービス業も生まれ、各地で小企業を主体とした産業ネットワークが形成された。

　ピオリーとセーブルは小企業が競争力をつけた理由として、イタリアの家族主義や職人的な仕事が経済の一分野として認知されていることのほか、地方自治体が果たした役割を挙げている。小企業が自力ではまかないきれない産業基盤の創出を目的に、産業団地や職業訓練学校を整備し、地域の研究センターを設置するようになっていった。その点、イタリアと日本は状況が似ており、自治体の産業振興、中小企業支援が地域の経済政策の主軸になっていった。現在、トリノでは、後述するように産学官連携での起業家の事業化支援で成果を上げているが、それにつうじる最初の動きであったともいえる。

3　都市再生と社会課題の克服

(1) 新生トリノへ

　フィアットとトリノは一体の関係であったが、フィアットの失墜によりトリノは大企業依存から脱却し、新たな産業基盤を模索するようになっていった。1968 ～ 69 年のフィアット最盛期には 15 万 8000 人もの従業員がいたが、「熱い秋」を契機とするストライキに始まり、石油危機、1982 年のリンゴット工場の閉鎖、生産縮小、度重なるリストラを経て、トリノ経済も変貌を遂げていくことになった。

　ピエモンテ州の州都であるトリノ市は人口 86 万人（2020 年）、ローマ（285 万人）、ミラノ（137 万人）、ナポリ（97 万人）に次ぐイタリア第 4 の都市である。1975 年には人口 120 万人を数えていたので、都市スケールはこの半世紀で大きく縮小したのだった。フィアットの成長と共にイタリア南部から労働者や近隣国から移民を受け入れ、自動車産業の従事者を集めてきた。しかし衰退後は、南部からの労働者でなく、国外からの移民が多かった注8。1990 年代以

降はアルバニアやルーマニアなど東欧からの移民が多くなっていた。

　現在でも就業者に占める製造業の比率は3割を超えており、移民がこれを下支えしている。経済危機と人口減が続いたが、2000年代は1990年代半ばからの都市マスタープラン、戦略プランが功を奏し、人口回復基調にあった。しかし、近年もフィアットの経営危機と相まって、2014年の失業率は11.4%に達している。さらに、同年にはフィアットはアメリカのクライスラーと経営統合し、フィアット・クライスラーとなり、本社機能がイギリスとオランダに移転した。

　現在でもフィアット抜きにトリノは語れないが、それでもこの20年、トリノは時代の変化を果敢に取り入れながら変貌を遂げてきた。それは工業都市から文化・観光都市への転換であった。産業面でもICTやハイテク分野の起業支援の成果が実を結んできた。

(2) 参加型政治への転換

　転機となったのが、トリノ市初の直接選挙で市民社会派のトリノ工科大学教授であったカステラーニが市長に選ばれた1993年以降である。具体的な戦略プランの立案にあたって、市民協働型で多様なセクターが参画し1998年から2年間にわたり議論が尽くされた。何百人もの住民たちが市民会議やワークショップに参加し、産官学連携によって計画の立案から実行の受け皿づくりへ、資金の拠出や活動の場づくりに各主体は積極的に関与するようになった。とくに産業面ではトリノ工科大学が果たした役割が大きく、トリノ独自の技術や資産を基盤にした高付加価値の研究やイノベーション活動に向かっていくことになった。

　こうして第1期戦略プランは、2000〜2010年に、次の六つの基本戦略を軸に進められた[注9]。

　1　トリノを国際輸送・交通のハブとする

　2　大都市政府の構築

　3　職業訓練、研究、戦略的資源を発展

　4　事業化と雇用の促進

5　トリノを文化・観光・商業・スポーツ都市として推進

6　地域環境の向上による都市の質の改善

　これら六つを基本理念とする都市戦略プランは初代市長のカステラーニ（1993〜2001年）から2代目市長のチャンパリーノ（2001〜2011年）に継承され、第2期戦略プラン（2010〜2015年）、現在は第3期（2015〜2025年）へと発展を遂げてきた。第1期は「都市プロモーション」、第2期は「知識経済」、第3期は「機会あふれる都市」というコンセプトで各期のプランが進められ、いずれも官民パートナーアップ、市民参画の精神が貫かれていった。

　その間、トリノ市政は、2006年の冬季オリンピックの開催をはじめ、数々のビッグイベント、市民参加型のイベントを実施していった。トリノ国際ブックフェア（毎年）、トリノフィルムフェスティバル（毎年）、サローネ・デル・グスト（食の祭典、スローフード、隔年）、冬季オリンピック・パラリンピック（2006年）、国際建築会議（2007年）、イタリア統一150年祭（2011年）など都市型の文化・スポーツイベントを成功させていく。イベントを重ねていくごとに産業都市から文化都市への色彩が濃くなっていき、トリノの対外的なイメージも変化を遂げていくことになった。2006年の冬季オリンピック開催にあわせて地下鉄1号線が開通した。自動車タウンからの転換を象徴している。

　Verri（2011）によれば、フィアット自身も1960〜70年代にかけて産業経済だけでなく、イメージ戦略を展開し、文化、交流、デザイン面で影響力を増していった[注10]。それをけん引したのがデザイナーであり、食品やファッションなどの業界にも新芽を植え付けていった。デザイナーたちが都市イメージの転換を仕掛け、それが後にトリノの転換の礎となっていく。1980年代は産業都市としてのアイデンティティしかなかったが、次第に地域の若手ディレクターやエンジニアが活躍するようになり、現代アートや映画祭、国際ブックフェアの実施など新たな経路を歩み、文化的な成熟期に入っていく。最初の国際ブックフェアは4日間で10万人を集客して成功を収めた。

　1993年に新たなカステラーニ市長となると、それまで政策や文化交流について語り合う場がなかったが、先述のように政策決定と参画の方法が改良され、市民が政策立案に関与するコミュニティが築かれた。もちろんそれは政

策の効果だけでなく、この地の歴史、アート、映画、ミュージアム界の動き、1990年代前半の文化重視の発展志向性などが融合し合ったものであった。1995年に二つの重要なプロジェクト、先述の都市戦略プランの立案と地下鉄計画が発表された。市内4地区で都市再開発をおこなうことになった。新駅ポルタスーザを整備して高層ビルを設置する計画などが打ち出された。他方で、歴史的建造物も積極的に活用され、古い刑務所をリノベーションし転用してトリノ工科大学の敷地を広げた。

　こうした都市開発に多くの住民が参加した。戦略プランは2000人の参加、九つのワーキンググループの議論を経て、先の六つの基本戦略、20の目標、85の活動にまとめられた。2006年開催の冬季オリンピックは、トリノ市民にとって都市の魅力向上の転機となった。1998年にトリノに魅力を感じていた人はたった9%にすぎなかったのが、2007年には48%となり、2009年には57%にまで伸びた（Verri 2011）。工業都市のイメージは後退し、文化・交流都市としての存在感を高めていった証左であろう。

(3) リノベーション都市へ

　古い建築物をリノベーションして現代的な拠点に転用したことがトリノ再

写真4・1　複合施設にリノベーションされたフィアット・リンゴット工場（左側）

生の象徴といえる。小さな工場や店舗がアトリエやギャラリーなどに生まれ変わった様子は町のあちこちで見かけるが、産業史的にも建築史的にもトリノの転換点を象徴するのはフィアットの拠点工場であったリンゴット工場を大リノベーションしたことである。老朽化した自動車工場をショッピングモール、ホテル、大学、劇場、ホール、美術館などの複合的な大規模施設に生まれ変わらせた。イタリアを代表する建築家レンゾ・ピアノが手がけた。ピアノは日本では関西国際空港ターミナルビルを設計したことで知られる。

　1930年に完成したフィアットのリンゴット工場は床面積24万6000 m²、端から端まで500 m、当時、ヨーロッパでは最大の建物であった。フォーディズムを追求した工場は、1階からスロープを上がっていくと自動車が組み上がる仕組みになっており、完成車が屋上に出ると、そこは試走コースとなっている。1970年代のフィアットの危機と共に生産機能は縮小し、1982年に閉鎖、その後、再開発計画によって1989年に新たに生まれ変わった。

　屋上の試走コース、スロープも一部残され、ショッピングセンターと共存しており、屋上のコースにも自由に上がることができる。ショッピングセンターの一角にはトリノ工科大学のエンジニアリング学科や建築学科の一部が

写真4・2　リンゴット工場のリノベーション
一角がショッピングセンターやスローフードの拠点やレストランになっている

写真 4·3　リンゴット工場のリノベーション
トリノ工科大学の教室も入っている

置かれ、生きた建築を学ぶ場にもなっている。市民や大学生だけでなく、美
術館やレストランもあり、一大観光拠点と化している。そして、このリンゴ
ットでサローネ・デル・グストやトリノ国際ブックフェアなどのイベントも
おこなわれており、世界最大級とされたかつての自動車工場は集客・交流施
設に大きく変貌を遂げた。

　リンゴット工場の大規模リノベーションは、都市が生産の場から消費・交
流の場に転換した象徴であり、トリノの記号的な建造物ともいえる。これほ
どの規模で、かつての産業の場が再生した事例は世界的にみてもあまりない。
かつての工業生産の場がアートスペースやクリエイティブな活動拠点に生ま
れ変わるケースは各国でみられつつあり、箱モノを一から建てるのではなく、
産業遺産をそのまま温存するのでもなく、使用しながら場の付加価値を高め
ていく手法として広がりをみせている。大胆なリノベーション、場の転用策
を市政のアクションプランに取り入れていく発想は縮小都市においてとくに
高まっている。

4 都市再生とスモールビジネス支援

(1) スタートアップ支援

　トリノの都市再生において注目すべきは、戦略プランの「職業訓練、研究、戦略的資源の発展」と「事業化と雇用の促進」を達成し、経済を立て直すために投資を促進する環境を整備していったことである。スモールビジネスの支援策が産学官連携で取り組まれ実績を上げてきた。その代表的なプロジェクトがICT関連のスタートアップ起業支援のインキュベーション施設(I3P)と通信産業の高等研究機関（ISMB）の二つの拠点で、いずれもトリノ工科大学の敷地内にある。

　I3P（Incubatore Imprese Innovative Politecnico Torino）は 1999 年に設置され、多くのスタートアップ企業が入居し、金融支援からビジネスパートナーのマッチング、組織づくりまで幅広い支援をおこなってきた。トリノ工科大学、トリノ県、トリノ市、トリノ商工会議所、フィンピエモンテ（ピエモンテ地域の地域金融機関）、トリノワイヤレス基金（ベンチャーキャピタル）が各 200 万ユーロを拠出し、I3P が立ち上げられた。

　スタートアップ企業はトータルで 4 年間入居できる。173 件のうち 93 社がビジネスを軌道に乗せて卒業企業となり、訪問時には 42 社が入居していた[注11]。ほか 31 件が撤退、7 件が買収されている。政府や商工会議所、企業によって設立されたベンチャーキャピタル「トリノワイヤレス基金」が起業資金を援助し、I3P の運営については EU からの助成が充てられている。何人かの入居者から話をうかがったが、大学院卒も少なくなく、地域の技術集積を生かして、自動車のナビゲーターの開発など製造業に関する業種が比較的多くみられた。じつに起業家のうち 3 分の 1 が Ph. D を、3 分の 2 が修士号を取得していた。トリノ工科大学はじめ公的研究機関の学生、研究者、教員や、企業からのスピンオフなどの起業が目立つ。製造業が 21%、ICT 38%、電気・オートメーション 16%、環境技術 15%、バイオ技術 10%の割合であり、ハイテク産業が多い。2015 年には I3P の入居企業トータルで 7600 万ユーロ

の収入があり、2015年までに計1480人の雇用を創出した。

　これまでの実績を平均すると300のビジネスアイデアが出てきて、そのうち100ほどが実際のビジネスに発展し、10〜15のスタートアップ企業が生まれているとのことであった。I3Pのコンサルタントの支援で、アイデアをビジネスプランに仕立て、資金調達、研究技術の事業化、特許取得へと段階を追いながら戦略的に事業化を支援している。とくに製造業の起業に力を入れているのはトリノ大都市圏の職業訓練による労働市場が形成され、雇用の波及効果が大きいからという。大都市にベンチャーキャピタルが集積し、ミラノが最多で443件、ローマが264件、次いでトリノに162件ある。イタリアには3348市町村あるが、この3都市にベンチャーキャピタルの26%が集中していることになる。

　話を聞いたある起業家はエンジニアで良いアイデアをもっていたが、技術がなくI3Pに支援を求めるため、ジェノバからトリノにやって来た。通信技術関係の企業を興し、インターンシップの学生や大学院生を積極的に雇うなどして、3年で従業員40人規模にまで企業を成長させたという。I3Pのコンサルタントによると、事業化支援と同様にスカウトの役割が重要とのことであった。まず、ハイテク起業家とコミュニケーションをとったり、優れたアイデアをもつ人材を集めてイベントや研究会を実施したりするなど人材発掘に力を注ぐ。起業家どうしのネットワークづくりを重視している。スタートアップの支援は徹底しているが、卒業企業へのサポートはなく、商工会議所に卒業企業として名を連ねることだけが義務である。本社や工場をトリノに置く必要はないが、製造業は雇用機会があることからトリノで操業するケースが多い。

　2014年、I3Pは世界的なUBI（大学ビジネスインキュベーター）指標により、67カ国300インキュベーターの中からヨーロッパ第5位、世界第15位に選ばれた。イタリアを代表するインキュベーション機関として知られる存在となっている。

(2) デザイン振興

　また、I3P の隣には、サン・パオロ財団によって設立された研究・インキュベーション施設 ISMB（Istituto Superiore Mario Boella）があり、ICT 関連の研究開発と事業化を支援している。いずれも隣接しながら、大学と地域の政財界があげて、研究開発とビジネス化を支援し、都市再生の担い手育成に力を注いでいる。

　これらインキュベーション施設のほか、工業デザインの教育・人材育成にも産学官が連携して取り組んでいる。フィアットのミラフィオリ工場の一角には、地域に開かれたデザインセンターがあり、トリノ工科大学のデザイン専攻の研究室や教室が置かれていた。学生たちは、フィアットの最新デザインをはじめとして歴史的なデザインの変遷に容易に触れることができる。現場のなかに埋め込まれた工業デザインの人材育成であり、フィアットを筆頭に歴史的にデザインブランドの蓄積があるトリノならではの取り組みといえよう。

　このようにトリノ工科大学は、二つのインキュベーション施設を抱えるのみならず、フィアットのミラフィオリ工場と共に、リノベーションした元リンゴット工場に、デザインとエンジンの教室を持つ。大学の外で生きた学習

写真 4・4　産学官連携の政策拠点、トリノ・アーバンセンター

を提供し、市民から見えるかたちでの教育が施されている。大学が先導する地域の資産を生かした実践的教育活動として興味深い。まさに自動車関連の産業クラスターを形成し、その中心にトリノ工科大学がいて、州、県、市、商工会議所、銀行の財団、ベンチャーキャピタル、フィアット系企業、EUの構造基金などの支援による産学官連携が進められている。トリノ工科大学の建築やランドスケープデザインの教員たちも、トリノの政策や活動に精通して官民に広いネットワークを持っており、都市活動家としての役回りも大きい。

5　社会包摂型のコミュニティ支援

(1) 移民や貧困層の起業支援

　トリノのスモールビジネス支援の特徴は、I3P のようなハイテク・スタートアップ支援のほか、外国人労働者や移民、貧困層の自立支援を目的としたスタートアップ支援も積極的に展開されていることである。

　近年のイタリアの失業率、とりわけ若年層の失業率の高さ、無業者の増加は深刻な状況にある。ILO（国際労働機関）の統計によると、イタリアの失業率は 2014 年の 12.8％をピークに近年でも 9 ～ 10％台とヨーロッパ主要国ではギリシャ、スペインに次いで高い。同年の若年労働者（15 ～ 24 歳）の失業率は 40.0％であり、雇用されておらず教育も職業訓練も受けていない若者(ニート）は 21.1％にのぼっており、若者の失業・無業は社会問題となっていて根深い。失業対策の一つとして、さまざまな団体がコミュニティレベルでの雇用創造、自立支援に取り組んでいる。

　トリノ市、ピエモンテ州、EU からの助成による Urban Barriera di Milano プログラム」では、移民や貧困層が多く住む地区の生活改善や雇用創出をおこなっている。Barriera di Milano は地区名で、トリノ市北部郊外に位置し、2.3 km^2 のエリアに 5 万 3000 人ほどが暮らしている。移民を中心とした労働者街で、廃業した小工場も点在する。2009 年のデータによると外国人居住者

は 28.9%で市平均の 13.6%より高く、失業率も高く、とくに子どもを抱える若年世帯が深刻とされていた。Urban Barriera di Milano プログラムは、若い社会企業家らによって 2010 年からスタートし、持続発展の観点から社会、経済、文化の再生をとおして都市の質を改良し、住民の参画を促している。予算規模は 3500 万ユーロと大きい。

　活動は多岐にわたるが、最も成果を上げているのは失業者・無業者の自立にあたって自営業を立ち上げる実践的な支援であろう。該当者にはテント市などから商売を始めてもらって、飲食店などを自立して経営できるまで支援している。若年層や女性への支援も目立つ。地区にオフィスがあり、スタッフが常駐し伴走型支援を実現させている。スタッフには Ph. D の資格を持つ者もおり、ここも大学が寄与していた。

　界隈はアートによるまちづくりも進められている様子で、外壁をキャンパスに見立てたモダンアートの壁画が彩られている。トリノ工科大学のジアンカルロ・コッテーラ准教授の案内でテント市から店を構えるようになったバーを訪ねたが、ワインの立ち飲みの気軽な店で低価格なこともあって、たいへんなにぎわいで一種のコミュニティとして根ざしていた。こうした飲食店、

写真 4・5　Urban Barriera di Milano プログラム
テント市からの創業支援の看板には、出店者の顔写真が並ぶ

食料店のほか、パン工房、ダンス教室、移民向けサービス、デザイン事務所、シェアオフィスなど、多様な職種で起業がなされており、これまでに 60 以上の事業が生まれている。

(2) リノベーションによるコミュニティ開発

　トリノ工科大学の建築家マッシモ・クロッティ教授に案内いただき、トリノ郊外のミラフィオリ北地区のコミュニティ開発の活動を見学した。トリノ南部、フィアット工場があるミラフィオリ地区はもともと、農村地帯であったが、自動車生産の拡大とともに南部からの労働者や移民向けの住宅団地が開発されてきた。しかし、スプロール化が進んでコミュニティ機能は衰退していた。

　2002 年、EU の URBAN2 の資金を得て、クロッティ教授らが農業倉庫をリノベーションして複合型のコミュニティ拠点を手がけた。ソーシャル・インクルージョンをテーマとした場づくりであった。建物の屋根のかたちは以前の倉庫のままであるが、日本の折り紙を意識した建物として建築雑誌に origami (オリガミ) と命名され掲載されていた。異世代参加型の場で、幼稚園、妊産婦の教室、ジム、エステ・スパ、女性たちのキルトの会などの活動、職業訓練、高齢者サロンなどが揃う。昼時にレストランで食事をしたが、地元の高齢者を中心ににぎわっていた。ユニークな社会包摂型のリノベーション事例といえ、クロッティ教授は他にモデルがないなかでの再生プロジェクトだったと振り返っていた。

　イタリアには第 3 セクター、社会協同組合が根付いてきた歴史があり、社会連帯的なコミュニティ支援は相互扶助を尊重する社会と親和的な動きといえる。移民が多く暮らすトリノの玄関口ポルタ・ヌォーヴァ駅に隣接するサン・サルヴァリオ地区では、社会包摂型のコミュニティ再生の取り組みが進められてきた。「地区の家」と呼ばれるコミュニティ拠点は、社会包摂型で多世代が集う場であり、カフェのほか、ギターやダンスなど習い事の場にもなっていて、学校帰りの子どもらも多く集まっていた。住民は自身の得意な分野で気軽に教室を開いて先生になれる。建物は公衆浴場をリノベーションし

たとあって、ここも地域の歴史を刻んで継がれる場となっている。

　これらの取り組みは、ポスト工業化を象徴する移民の住空間エリアに、コミュニティを支える共助の原理を再生させている。自立支援や社会包摂型のコミュニティでは、支援する人・される人の隔てが低いフラットな場が形成されているのが特徴といえよう。いずれも政府やEUの予算や地域の基金によって運営がなされており、市場経済にはない「再分配」と「互酬性」の原理が複合している。また、農業倉庫や公衆浴場をリノベーションし、建物の用途を変えつつ、地域の記憶を継承していくという新たな場の価値を追求していく試みは、ジェントリフィケーションの克服につながっていく。

　このように工業都市からの転換を模索するトリノでは、都市再生のなかでも社会包摂型スモールビジネスの立ち上げやコミュニティ形成に独自の取り組みがみられる。起業支援と社会包摂型のコミュニティいずれも、ポストフォーディズムの転換期に時代のニーズを象徴するかたちで立ち表れている。場がもつ意味の変容は時代の転換を映し出す。

6　「食」「観光」「文化」のブランディング

　トリノの都市再生は、近隣に豊かな農村地帯が広がりをみせていることから、近年は食を核にした観光・文化都市としての色彩も濃くなっている。大リノベーションしたフィアットのリンゴット元工場にはEATALY（イータリー）が入っている。今では世界展開し、東京にも店舗があるEATALYだが、ここトリノのフィアット工場跡地から2007年に「イータリー・トリノ・リンゴット」が誕生した。地元産の質の高い食材やワインが並び、持続可能性に配慮した商品も多く置かれている。リンゴット元工場は、大量工業生産の場から、スローフードの拠点、農や食の価値を高める場に転じた。現代資本主義を象徴する場といえる。

　トリノはモータータウンを象徴する産業都市であると同時に、車で30分も行けば、アルプスの麓を抱くランゲ・ロエロ地方にたどり着き、ワイン産

地が広がる。スローフード発祥の地とされるブラ、アルバ、バルバレスコな
ど、なだらかな丘陵地に風光明美な村が連なり、ピエモンテの食材を丁寧に
調理する小さな質の高いレストランの宝庫でもある。2014 年には「ピエモン
テのブドウ畑の景観：ランゲ・ロエロとモンフェッラート」が世界遺産に認
定され、観光地としても注目を集めている。

　トリノ工科大学やトリノ大学の研究者、商工会議所などから都市戦略や都
市アイデンティティについて意見をうかがったが、異口同音に「食」「観光」
「文化」をキーワードにした都市ブランディングが必要との認識であった。
アグリツーリズモの広がり、1980 年代半ばからのスローフード運動、2006 年
の冬季オリンピック開催をきっかけに食・観光都市としての性質を帯びてき
たことも大きい。2015 年、ミラノで「農」「食」「環境」をテーマにした万博
が開催されたが、万博テーマも科学技術・産業の発展から資源・食・環境保
全へと世界的課題を受けてシフトしてきている[注12]。

　バルバレスコには、協同醸造所、エノテカ（ワイナリー）、レストランが点
在し、その農村景観からもワイン産業で成立していることが分かる[注13]。ト
リノからアスティを経由し南下しながら、ブドウ畑を縫いながら上っていく
と小さな村の入り口に着く。小さな役場の周辺にはバールや星付きのリスト
ランテ、トラットリアが並ぶ。丘の上には石造りの教会が佇んでいて、教会
内には州立のエノテカが入っている。その手前にバルバレスコ協同醸造所
(PRODUTTORI DEL BARBARESCO) があり、51 の農家が会員となり、協同でワ
インを醸造している。

　バルバレスコは 4 つの村で構成され、700 ha の土地で毎年 3800 万本のネッ
ビオーロ種のワインが製造されている。タナーロ川が流れる肥沃な土地であ
る。EU の原産地名称保護制度において最上位の DOCG (Denominazione di
Origine Controllata e Garantita) に認定され、ワインの王様バローロと並んで最高
級ワインの評価を得てきた。アルバの東と西で土壌、気候、日照条件が違う
ことから、同じネッビオーロ種の産地として名高いバローロは色が濃く、タ
ンニンのしっかりした渋みと、深いこくがあるのに対し、バルバレスコは繊
細で上品、スパイス風味とされている。

写真 4・6　ピエモンテ州バルバレスコのブドウ畑

　バルバレスコのワインづくりは、1849 年、アルバ醸造学校の創始者ドミツィオ・カバッツァが 9 人の農家を集めて最初の協同組合をつくったことに始まる。1930 年代、ファシスト政権の経済統制で組合は閉じられたが、戦後の 1958 年にバルバレスコ村の司祭が 19 の農家を組織し復活させ、バルバレスコ協同醸造所が設立された。現在、組合では毎年 50 万本が生産されている。そのうち 9 つの特別なブドウ畑から採れたブドウだけで醸造したワインも販売している。醸造所のマスターがバルバレスコの歴史から景観、生産方法、こだわりまで熱心に語ってくれたのが印象的であった。中世の城をリノベーションした星付きリストランテでは、バルバレスコのワインに、地元産のトリュフや牛肉、新鮮野菜、チョコレートなど地元産の極上食が提供されている。

　バルバレスコから、バローロ方面を南下するとラ・モッラに行き着く。高台の集落で広場からは眼前に丘陵が広がり、左にバルバレスコとアルバ、右にバローロが見渡せる土地である。農村の風景に馴染むように、家並みはじめ工場などの外壁の色も決められ規制され、景観の統一感が醸し出されている。イタリアでは都市部だけでなく、農村も自然の風景と調和した景観を維持するべく、多大なる政策的配慮がなされているのである[注14]。

7 産業の由来、リノベーション、コミュニティ開発

　本章では、フィアット依存の都市経済からの脱却を象徴する三つの活動、産学官連携によるスモールビジネス支援、社会包摂型のコミュニティ再生、農村価値を取り入れた地域ブランディングに焦点を当てた。いずれも小さな主体、企業、事業、農家などの連携と相互の作用による自立とコミュニティが重視されていた。環境変化ともに経済活動の意味も変わり、経済面だけでなく社会的な包摂も含めて、現代的なコミュニティの役割が増してきていると考えられる。

　もともとフィアット最盛期の時代から労働者の団結が強固で、産業地域ならではの地域共同体が根付いてきたことと無縁ではない。他方で、柔軟な生産体制がみられる「第3のイタリア」の地域でも、グローバルなものづくり環境の変化を受け危機に直面していったところは少なくない。一般にコスト競争にさらされ、地域内での適度な競争と調整がきかなくなると地域産業は衰退する。そこで産業そのものだけでなく、むしろその本質やアイデンティティを支える文化的要素が重要になる。

　産業都市からの脱皮を図るべく、トリノでは新たな可能性を求めて、都市内・地区内の大小あらゆるレベルで都市アイデンティティを形づくる取り組みがさまざまに展開されていた。戦略的プランが重要であったことは間違いないが、その実行過程、各種のイベントを通して市民参画を促し、トリノの都市イメージを変革してきた。オリンピックは過去の記憶となりつつあり、フィアット経済に依存しない世代も台頭してきている。

　トリノはポストフォーディズムからの転換だけでなく、市民参加型の都市政策から顔の見える活動へ、持続可能な都市のあり方を模索してきた。縮小しつつ、都市イメージを転換したトリノの歩みは、人口減少時代の日本の都市・地域にも少なからず参考になるに違いない。

　産業の空洞化によって衰退した都市の転換から学ぶことは大きい。多様性のある都市ほど成長し、専門化した都市ほど衰退するといったジェイコブズ

の議論は、産業構造の転換には内的な力の結び付きが必要だと示唆していると解釈できる。専門化した都市が衰退し、それを克服する過程で、産業の記憶を継承した歴史的資産の活用や市民参加の民主主義やイベントの開催などで多様性を帯び変貌を遂げていく。都市の多様性について、スモールビジネス支援やコミュニティに根ざした社会的価値を含めた多様な要素を折り込んで評価する必要がある。産業構造の転換による衰退からの克服は、こうしたコミュニティを支える主体の多様性と作用にあったのではないか。時代を超える普遍的なもので、現代の都市を生産だけでなく文化・消費面から捉えるうえでも、新たなコミュニティの台頭、社会的・文化的な要素を抜きには語れない。

　オーセンティシティは都市の潜在性を文化面から高めることにつながる。まさに、トリノのモータータウンの盛衰という歴史は、リノベーションにより地域の記憶を継承し再生を果たしてきた歴史でもある。オーセンティシティがリノベーションのプロセスと共に追求されてきた。ポスト産業都市に転じるプロセスで、長い低迷期の痛みを伴いながらも、都市のイメージを転換させる政策や戦略を市民参加型でつくっていった。産業都市の負の遺産ともいえる空洞化により生じた移民の失業問題にアプローチし、貧困地区の改善にも市民が主体的に取り組んでいる。経済的価値だけでなく、観光や社会包摂的な要素を含んで地域のオーセンティシティは形づくられる。ポスト・システムにおいて、こうした異質性の入る隙を意識的にマネジメントして、社会的な問題の克服に主体的に向き合うコミュニティが必要となっていることがうかがえる。広義には、これも都市の多様性を構成する重要な要素とみることができるのではないだろうか。

　◆注

1　脱工業化都市研究会（代表 矢作弘）で2014年から2016年に科研費で共同調査したイタリア・トリノの調査研究が元になっている。成果は脱工業化都市研究会編『トリノの奇跡―「縮小都市」の産業構造転換と再生―』（2017年）としてまとめている。トリノの産業史や都市構造については、トリノ工科大学准教授の Giancarlo Cotella（G. コッテーラ）が調査や研究者ヒアリングをアレンジしてくれ、滞在中に同大学やトリ

ノ大学の専門家らからレクチャーを受けた。以下の記述は、同書の担当章にその後、加筆・修正を加えたものである。なお、G. コッテーラ・M. ボルゾーニ（2020）「パンデミックの衝撃、そしていかに戦っていたか―ヨーロッパ都市の場合」（矢作ほか『コロナで都市は変わるか―欧米からの報告―』所収）では、イタリアのコロナ禍のパンデミックからの回復を包摂都市の視点から論じている。

2 内田（2016）p.179 を参照した。

3 ピオリー＆セーブル（1993：原著 1984）。

4 岡本（1994）pp.37-38 を参照した。

5 『世界国勢図会 2014 ／ 15 年版』、国際自動車工業連合会資料より。

6 『地域開発』にて、編集委員として特集「クリエイティビティを追求する地場産業・伝統工芸」を組んだ（602 巻、2014 年 11 月）。地場産業・伝統工芸の普遍的な審美性とともに新たな展開に焦点を当てている。また、松永（2015）では長崎県の波佐見焼や神戸のものづくり産業支援を例に伝統産業の新機軸としてブランディングや観光資源化、人材育成について論じている。

7 ピオリー＆セーブル（1993）p.294。

8 2011 年のトリノ在住の外国人は 12.9 万人を数え、ルーマニア人が約 4 割、モロッコ人が 15％となっていた。阿部（2014）p.45 を参照。

9 Vanolo（2008）pp.370-382.

10 Verri（2011）pp.25-44.

11 2015 年 3 月に訪問した際のデータ。

12 2015 年 5 月 1 日から 10 月 31 日までイタリアのミラノで行われた国際博覧会。博覧会テーマは「地球に食料を、生命にエネルギーを (Feeding The Planet, Energy For Life)」であった。同年 9 月にミラノ万博を訪れたが、日本館の人気は開催国イタリアをしのぐほどで、訪れたのは日暮れ時であったが入場には 3 時間待ちの長蛇の列であった。

13 2015 年 3 月および 2016 年 3 月にバルバレスコやアルバなどを訪問した。

14 トリノの都市計画、水と緑の再生計画については、清水（2017）を参照。

第3部

地域の
変容からみえる
価値の顕現

第5章

産業、生活、文化の
総体としてのまち
―生産・技術から消費・文化へ―

1 表象の集合体としての地域

　先のイタリア・トリノの例でみたように、地域を象徴する生産の場が今で
は生活や文化、消費の場にリノベーションし、場所の性質が転換することに
よって、地域のイメージが変容していった。生産から生活・文化・消費の場
への転換は時代を象徴するが、それがどのように地域に積層していくかを知
ることが、地域の「オーセンティシティ」を探ることにつながっていく[注1]。地
域とオーセンティシティを巡る議論は建築や観光の分野で近年盛んに研究さ
れるようになってきている。

　地域の景観や機能が変容していく過程が捉えられ、その特徴を地域の盛衰
の歴史や由来とあわせて解釈していくということが一般的である。その変容
の過程に影響を及ぼしているのが地域の産業や経済であり、衰退と同時に消
費のあり方や文化への志向も変容し、場の意味を変容させてきたといえる。

　このような議論の出発点は人口減少が一般的になった現代に始まったこと
ではない。地域経済の振興により、開発主義が地域を覆うなかで、地域が持
つ風土や環境を維持、継承していこうとする概念はすでに高度成長期終焉の
1970 年代後半頃から 1980 年前後に盛んに議論されてきた。そこに現代の地
域創生の要素やオーセンティシティに連なる視点があるのではないか。当時

の時代背景には生産至上主義からの脱却、新たな消費社会や個人主義の模索があった。高度経済成長の陰りがみえ、近代化による発展を追いかけてきた日本は、20世紀後半から21世紀にかけて個性を開花させていくべきではないかとの意識が芽生えつつあった。

　地域は産業、文化、暮らし、自然など市民の営みの舞台であり、それらを投影した「表象の集合体」といえる。地域のかたちは時代を映し出す。本章では、産業の盛衰により地域がどのように変容していくのか、地域が生産から消費の場へ変容していく過程に着目したい。「都市環境の美学」「柔らかい個人主義の誕生」などの議論や幻となった「田園都市国家構想」などを元に当時の地域政策の思想を現代と照らし合わせ再解釈していきたい。

2　「公」と「私」にみる都市思想

　都市や地域を考えるうえで、「公」「共」「私」を巡る議論は不可欠である。主体が行政か民間かコミュニティかということではなく、地域を構成する環境や景観、住空間をそれぞれがどう演出していくのかという視点である。経済活動が衰退すると共に、「私」の領域は衰退し、「公」や「共」の役割が増してくるが、同時に「私」もかたちを変え変貌を遂げる。「私」の領域が衰退し、「公」や「共」に向かう動きもみられる。

　実は「公」と「私」を巡る議論は1980年前後、盛んになされた。現代につうじるヒント、現在だからこそ生きる視点があるまいか。最初にそうした議論を振り返っておきたい。現代では地域をみるうえでは「共」の視点が欠かせないが、当時はイデオロギーの解釈に傾き、「公」と「私」の二分法の議論であった。しかし、意味としては当時の「公」は現代の「共」と部分的に重なるところがある。

　1970年代後半、「都市環境の美学」を追求した漆原美代子は、日本人は欧米と比べ意識から「公」の感覚がすっぽりと抜け落ちていることを指摘し、それが粗野なまちの景観につながっていると論じた。海外暮らしが長く、そ

の見地から日本人の「公」感覚の乏しさについて、次のように記している。

　　一つの断面に、今の一般市民生活から、「公」の感覚が、極端にぬけ落
　ちているのが透かしみえてくるだろう。「公」の感覚というか、美意識が、
　大地にぽっかりと空いた穴のように抜け落ちているのである。その穴
　の中には、おびただしいものがせめぎあい、それぞれ勝手に装飾的形容
　を競い合っている。「近代的な」「個性的な」「斬新な」「エレガントな」
　「豪華な」「シックな」「シンプルな」「帰属的な」……。ありとあらゆる
　"多様な" ものと形容が、ガラクタ同様ひしめいている。
　　これら形容詞に飾られた主張は、バラバラの「私」の集合体があって、
　「私」と「公」とを連結する近代的市民意識が見えにくい。多くの人間が
　集まって暮らす都市型環境を、より良く導く方途を正面からはばむ"田
　舎っぺ的感覚"が、自由というエゴイスチックで粗野な、擬似近代風意
　匠で装い、たちはだかっている。
　　「公」の感覚が未熟で、「私」の主張の目立つ社会が、粗野になるのは
　当たり前で、住みやすい道理がない。結局は「私」と「公」との接点で、
　しかるべきコミュニケーションのシステムが作用していないから、「私」
　の自由も損傷を受けやすい[注2]。

　これらの形容からみえるのはツクリモノの「私」の集合体である。それら
は消費社会にみる欲望の投影である。「私」と「公」とをつなぐ近代的市民の
姿が暮らしの場に見えてこないと漆原は看破する。「公」の感覚がこの時点で
は未熟で、「私」の主張が目立ち、実際、バブル経済の前夜を思わせる。
　市民の「公」の意識が経済成長の最中は未熟で「私」が目立ちすぎること
によって、まちが審美性を欠くことにつながっている。一国の文化というも
のは、「私と公の結節点」において洗練され、形づくられるものともいえる。
例として挙げられているのは、市街地のマンションのベランダである。そこ
は「私」の延長であると同時に「公」の延長でもあり、それが景観のアイデ
ンティティへと昇華する。当時、旧西ドイツの中低層住宅群の外観は、洗練
された時代性や造形美を持ち合わせていないが、棚や塀は木材で自然の陰影

が生活の場らしい落ち着きをみせているとし「集合美」に眼差しを向ける。都市的環境が優れた空間には市民の精神生活が現れる。ゆえに、生活の延長として「公」と「私」の審美的調和が必要であると説いた。ではなぜ、地域の「集合美」は乏しくなり、個性がかき消されていったのか。

> 「目につきやすい技術主義」と「中央志向」といった「近代的精神」を各感情の延長上に"東京の場末化"を進めることに熱中していたからである。「自己の特性」を覚めた目で見すえ、特性を生かしつつ、必要な新技術や設備、材料などを「審美的調和」を考えながら入れていく。という人間活動を導くためには、何よりも、精神の余裕からくる成熟の時代を待つ他なかったのであろう。
>
> "自由な民主的表現"という美名のもとで、自由の果てしない拡散にかえって圧迫される不快な不自由さの病理も見えはじめた。
>
> 日本の各地方も、ついに「自分に似合わぬ衣装を拒否する自由」を学ぶ時期に来たのである。各地方は、「自己」を取り戻し、生かすための「美学」こそを競う"たのしみ"を享受できるわけだ。特性を分かち合うことによって、自らの「誇り」と「他文化の尊敬」というバランス感覚を培う。このような地方主義が、おそらく唯一の近代的生き方なのであり、この知覚は、世界の中の日本が選択する唯一の普遍的生き方につながるのではないだろうか[注3]。

経済成長の裏で開発の弊害や地方の没個性化が目に余った時代である。地方の美学の特性を分かち合うことこそが、ポスト近代の道ではないかと投げかけているようである。それには「精神の余裕」「成熟の時」が必要で、意図的に目的を決めて創り出すものではない。地域の文化や風土に根ざした地域のかたちを追求し、けっして便利や効率に地域が覆われないような余裕が求められる。

高度経済成長が一段落した1970年代後半から1980年代前半にかけて、「地域の時代」と形容されたように、各地方の独自の個性や審美的調和を取り戻そうとする動きは確実にあった。そのうえで、各地方は近代化の延長ではな

く、独自の「美学」を取り戻し、その「美学」を競い合う楽しみを享受する必要性を力説した。それから 40 年以上たち、ようやく目にみえるかたちでの地域の「美学」が少しずつ顕現するようになった。逆にいえば、経済が衰退したからこそ立ち現れてきたのかもしれない。

　それでは、そうした担い手となる市民像はどのように日本の中で芽生えようとしていたのか。高度経済成長期の後の人間像、自我の転換はどのように捉えられようとしていたのかという視点にもつうじる。

3 「柔らかい個人主義」と田園都市国家構想

(1)「柔らかい個人主義」の現代的視座
　文化的意識の高い近代的市民が「公」と「私」を審美的に調和させる担い手となりうることを示唆したのが山崎正和である。真の消費とは何か、消費する個人の自我の芽生えから論じた同時代論ともいえる。

　山崎正和は『柔らかい個人主義の誕生－消費社会の美学－』のなかで、脱工業化社会のなかで消費する個人の個性を重視し、新たな消費社会において文化の可能性を説いた。日本は早くに近代化を遂げたものの、文化面では近代的市民になっていないと警鐘を鳴らした。そして、当時の「地域の時代」という言葉を受け、国民の関心が国家から地域へ、より生活に近い環境へ移ったことを指摘した。個人主義の高まりについて、その背景や特徴を次のようにみている。

　　国家が目的志向集団と化するにしたがって、地域はますます無目的的な人間関係としてあとに残され、職場や学校や家庭といった他の共同体と較べても、はるかに戦闘的な組織力の弱い集団に変わってゐた。したがって、地域への関心が高まるといふことは、単に個人の心が国家から別の集団へ移ったといふことではなく、より正確には、一般的に組織への帰属の感情そのものが変質し始めた、と見るべきであらう。かつて、

国家が国民に対して一元的な帰属を求め、共同の目的によって個人の感情を呪縛してゐたとすれば、いまや変わり始めたのは、さういふ感情の組織の仕方そのものだと考へられる。すなわち、個人の側からいへば、日常を生きるうへで、集団にたいして感情的に一定の距離をおいてかかはり、より冷静で多元的な帰属関係を作り上げて行く、ひとつの条件が芽生えたといへるはずである^{注4}。

　地域は目的志向型ではないが、人間の帰属意識としてある。国家のような目的志向型の帰属から地域へ帰属が変容することにより、国民の感情そのものが変わった。一元的なものから、多元的な関係へと変わろうとしている。社会全体が個人主義的な性格を強める条件が芽生えてきた。このように帰属が多元化することは、個人主義を獲得することにほかならないと、山崎はみなしている。ここに、地域＝国家ではない「公」と、個人＝組織ではない「私」の接点がみてとれる。

　産業化社会では、人間は「組織」に適合することが求められてきた。しかし、目的志向型の企業から離れ、組織の呪縛から解き放たれ、漂う個人の目的志向を排した結びつきが意味を持ちはじめようとしていた。山崎は、「個人の顔が見え、人間関係が重視される、小規模の柔軟な組織であり、社交の世界」として、これを「柔らかい個人主義の誕生」とし、同時代性を描写したのであった。そして、この柔らかい個人主義を確立させた消費社会を、物質的な消費欲求を超えて、時間の経過やプロセスを重視する消費社会の美学と捉えた。

　　要するに、人間の消費行動はおよそ効率主義の対極にある行動であり、目的の実現よりは実現の過程に関心を持つ行動だ、といふことが明らかになったといへる。いはば、消費とは<u>もの</u>の消耗と再生をその仮の目的としながら、じつは、充実した時間の消耗こそを真の目的とする行動だ、といひなほしてもよい。

　　さうして、消費をこのやうに定義したとき、われわれはじめてそれを生産から明確に区別することができ、したがって、「消費社会」と生産

優位の社会を対置して、そこに意味のある区別を立てることもできるだろう。すなはち、消費とは反対に、生産とはすべて効率主義に立つ行動であり、過程よりは目的実現を重視し、時間の消耗を節約して、最大限のものの消費と再生をめざす行動だ、と定義することができる。生産と消費とは、ものの消耗と再生といふ点では同一の構造を持つ行動であるが、前者はその目的のために過程を完全な手段と化し、後者は逆に目的を過程のために従属させる、といふ点で正反対の行動なのである^{注5}。

ポスト産業化により、個人は目的志向の「生産的人間」から、時間の変化とその過程を重視する「消費的人間」へ変化していく。そして、個人主義も「硬い自我の個人主義」から「柔らかい自我の個人主義」へと変化していくとした。自我のなかにもう一つ自我がいるという点では同じだが、「生産する自我」が自己を超越しては見下ろして、その影響を断とうとするのに対して、「消費する自我」は、「自分が眺めるもうひとりの自分の満足に浸透」すると解釈する。ここに自我の客観性・垂直性から、自我の主体性・水平性への転換がみてとれる。

さらに、生産する自我は「醒め」ており、消費する自我は「醒めながら酔って」いる自我、あるいは、生産する自我は「操作する自我」であるのに対し、消費する自我は「操作しながらものにまきこまれる自我」とも形容される。過程そのもののなかにある自我が強調される。

いひかえれば、消費する自我は、めざすべき目的として自分の欲望を限定しない自我であり、また、その目的実現のために自分を手段としても限定しない自我だ、といへる。考えてみれば、存在としてひとつの限定された目的しか持たず、もっぱらそれを実現するための手段として存在し、しかも、それを限定されたただひとつの方法で実現するのは、ほかならぬ機械といふものであった。だとすれば、先の生産する自我が、一面でかぎりなく機械に近い存在であったのにたいして、この消費する自我はもっとも非機械的な、したがってもっとも人間的な存在だといへるかもしれない^{注6}。

消費する自我は、過程そのものを探求する自我であるとし、自己探求の個人が立ち表れつつあることを意味している。そして、生産する自我を「技術的人間」とし、それに対し、消費する自我を「藝術的人間」とした。生産する自我は信条を守ることが美徳とされるが、消費する自我は他人に対して柔軟にふるまい、控えめな自己主張をもち、「つねに一定のしなやかさを保ち、しかし、そのなかに有機的な一貫性を守ること」が美徳であるとされた。

　ここに、現代の消費社会の人間像の一端がみてとれる。さらに、山崎は、この後、現代の「社交」の意味を問う仕事を重ねていった。続く『社交する人間』で描かれる人間像は真の教養とは何かを考えさせられるものである。

(2) 田園都市国家構想

　山崎正和の「柔らかい個人主義」は、政策提言や実践知としての土台の上に展開されていった面も持つのが特徴である。1979年、当時の大平正芳首相によって「地域の時代」という言葉が広く提唱され、「田園都市国家構想」としてまとめられた。現代にはみられない大きな思想が入った地域政策である[注7]。当時、大平首相は「田園都市国家構想」について以下のように述べている[注8]。

> 「田園都市構想というのは、今後相当長期間にわたって、国づくり、社会づくりの道標となるべき理念である。人と自然、都市と農村に、ひとつの視点から新しい光をあてようとするものである」。
> 「田園都市構想というのは、地域の個性を生かして、みずみずしい住民生活を築いていこうとするものであり、基礎自治体の自主性を極力尊重していこうとするものである」。
> 「田園都市構想は、われわれの生活圏の形成に当たって、教育、文化なども含めて、人間の営みを広く捉えていこうとするものである」。

　現在にもつうじる政策視点であり、分散型社会への転換を示唆している。その背景には、同時期の1970年代後半に、神奈川県知事を務めた長洲一二が「地方の時代」を提唱するなど、生活様式や価値観の変容を含む新しい社会像

を地域から推進しようという動きが盛んであったことがある。地方分権にもつながるが、そこで追求されたのは、地域の個性を生かした地域・住民の自主性、近代化・欧米化からの脱却、物質的豊かさから精神的・文化的豊かさへの転換であった。

　さらに、1977年には、第三次全国総合開発計画（三全総）が発表された。これは都市への過度の集中に傾いた日本の国土構造を分散型社会に再編成するための国土計画であった[注9]。生産、流通など経済機能を中心に大都市の集中を抑制しつつ、それらの機能を地方に分散させ再配置することで、国土の均衡のとれた利用を実現しようとするものであった。政治機能が中央集中した結果、生産や金融などの経済機能のほかに、文化、教育も首都東京に集中し、人口がますます増え、地方は衰退の兆しをみせはじめていた。分散型社会への転換への期待が、この時期にも大きく高まった。

　翌1978年末に大平内閣が成立し、1979年1月から政策研究会が発足した。田園都市国家構想研究グループの議長を梅棹忠夫、幹事を山崎正和、香山健一らが務めた。当初、田園都市構想研究グループで発足したが、議論の途中で「国家」が加えられた。グループは討議を重ね、1979年4月に中間報告がまとめられ、大平首相に提出し、1980年にはまとめの段階に入ったが、6月に大平首相が急逝したことにより中断した。報告書は、議長の梅棹、幹事の山崎、香山が研究会の議論を元に起草しまとめられ、政府刊行物として刊行されたが、政策が実行されることはなかった[注10]。

　この頃、梅棹忠夫は独自の文化論に連なる「都市神殿論」をさまざまな媒体で発言していた。都市は神殿のようなシンボルであるべきで、経済や生産の場になってはならないという立場である。日本の一般的な都市の基本的性格は、多くの住民が集まった居住空間に商業・交易を含めた産業がおこり、それが大きくなって生産的集落から都市ができてきた。

　しかし、梅棹は文明の歴史からこれを否定した。都市の機能は神殿であり、居住あるいは生産ではない。都市の本質は情報の交換と管理であるとした。とくに大阪の姿を引き合いに出し、重工業中心の都市に展望がないことを語っている[注11]。梅棹の「都市神殿論」は明快であり、その思想をもとに経済界

と学術界が結びついて関西文化学術研究都市や大阪万博の跡地に民俗学博物館が造られた注12。関西で梅棹の都市思想が具現化していった。

　その梅棹が議長、山崎が幹事となってまとめた「田園都市国家構想」は約40年前の思想を結集した政策提言として明文化されており歴史に残るものである。両者には生産の場として地域を捉えてはならないという共通項がみてとれる。過程そのものを探求する自我の場、社交の場として都市や地域を位置づける。経済成長の過渡期のなかで新たな地域の姿をすでに追求していたのであった。しかし当時、大平首相の急死で施策化せずに終わった幻の「地域政策」となった。

　2021年、岸田政権となり再び「デジタル田園都市国家構想」というかたちで「田園都市国家構想」が甦った。行き過ぎたグローバル化、東京一極集中のゆがんだ国土構造、人口減少、過疎の深刻化、コロナ禍などを経験し、政権スローガンの「新しい資本主義」の地域像を模索しつつある。「田園都市国家構想」は大平元首相の幻の政策を同じ自民党の派閥の岸田首相が看板を引き継いだかたちで、当時の政策思想との接点などが注目される。

　しかし政権発足から1年たった2022年現在のところ、実際の施策はツールとしてのデジタル化の進展に傾斜しており、政策思想は当時のように十分に議論され明文化されているわけではない。「新しい資本主義」とも密接な議論であり、計画や構想とは異なる次元での大きな政策議論が待たれる。

　国の号令を待ったり、国の政策に合わせたかたちの地域政策を進めるのではなく、人口や成長を指標とするのではない地域発の思想を熟議する時がきている。改めて「地域の時代」の当時の議論を踏まえ、制度論だけではない現代の「地域の時代」の思想を足もとから立て直す時が来ているのではないだろうか。

4 京都・西陣にみる産業・生活・文化の変容

(1) 職住一体の生産地区の変貌

さて、山崎がいうように、生産とは「すべて効率主義に立つ行動であり、過程よりは目的実現を重視し、時間の消耗を節約して、最大限のものの消費と再生をめざす行動」、消費とは「ものの消費と再生をその仮の姿としながら、じつは、充実した時間の消耗こそを真の目的とする行為」と定義すると、時代による地域の変容のさまが立ち上がってみえてくる。目的の実現よりは実現の過程に重心が移る。

先にイタリア・トリノの自動車産業の盛衰とまちの変容を取り上げた。近代的産業の象徴としての自動車産業がグローバル競争に巻き込まれ、生産の地としては衰退し、大胆なリノベーションが消費や文化へと地域空間の変容をもたらした。これは、近代産業だけでなく、在来的産業であっても同様の変化がみてとれる。それ以上に、生産の場と生活の場が一体である地場産地ほど、消費社会への変容は、職住の一体性で織りなしていた場に影響を与えることになる。

こうした変容の過程を京都・西陣の例から考察してみたい。西陣は織物の生産地帯であり、かつては職住一体で生産と生活が融合する場であった。小さなエリアに親機、賃織業者、下請業者、室町通には問屋街が軒を連ね、関連業者が一体となって産業が完結していた。生産の場であると同時に消費・生活の場であり、まわりに商店や花街など歓楽街も同時に発展してきた。西陣では家内の製織は営みの延長で、住むことと仕事の場が一体であり、その家屋の連なりや道なりが一つの景観と文化を織りなしていた。

片方 (1995) は西陣の生産と住まいの変容に着目し、建築やまちづくりの観点から考察している。一つの住まいの中で生産と生活の営みがあり、地域の広がりの中で職住関係がかたちをなしていた。そのさまを、まちづくりのよりどころとすべき原則の多くを内在させているのではないかと指摘し、建築やまちづくりに関わるものにとって、この辺りが魅力であるとした[注13]。つ

まり、産業集積は生産機能や市場原理としてだけでなく、住まいやまちづくりの魅力となる要素として西陣には内在してきたとみている。

　住まいが表通りや小道を介して地域内で複合して、生活と産業の営みが一体的な産業集積を形成してきた。しかし、生産の変容は住まいや町並みのかたちを変えていった。西陣には機屋建てと呼ばれる家屋の形式がある。機を据えつけるため天井のない部屋を置いていた。量産化には機を増やして敷地内を工場化していった。住空間が生産機能を拡大すると共に商業機能が拡大し、生産地も西陣の外へと移っていった。次第に自動織機が導入され効率的な生産形態が確立し、さらに1990年代にバブル崩壊や不況が重なり、和装市場が縮小するなかで西陣の産業構造が変わっていく。とくに手織りから自動織機が入るようになって、親機の機能が丹後地域に移っていった。より土地や労働力の安いエリアに自動織機を導入し、生産の場は同じ京都府内とはいえ広域化していった。2000年代に入ると海外生産をおこなう業者も出始めた。親機の機能も変わり、生産ではなく問屋の機能を持つようになり、それまでの分業構造のバランスが崩れるようになっていった。

　西陣織の出荷金額をみると、1975年2051億円、1990年2794億円がピークで、2005年708億円、2021年205億円であり、1975年の10分の1の規模にまで減っている[注14]。織機など設備台数の変遷も生産量におおむね比例しており、2021年は2744台で1975年を基準とすると9.3%である。地区内と地区外の設備台数を比較すると、地区外が地区内を上回るのが1990年から2008年であり、生産量拡大と共に生産は地域外へ広域化したが次第に縮小し、近年は再び地区内の生産のほうが上回るようになっている。

　1990年代、変化の大きかった時代の西陣の様子を描き出した住生活研究所編（1995）は、生産の範囲が広域化して産業構造が変わることによって家や町並みまで変わってきたことを考察している。植村裕（当時、植村商店代表取締役）は西陣の場の変容についてこう述べている。

　　以前、産業構造として必要とされてきた家なり住居なりが、違うかたちで存在せざるを得ない。とくに、こういう町家の中で以前は絶対に必

写真 5・1　現在の西陣の風景

　要だったのが、親機という機能の中では生産に使うような家屋の構造で
す。たとえば採光のための天窓や通り庭。通り庭がなければ機械なん
かが入れられなかった。他には引き出しのついている階段など……。
それが、生産段階での産業構造を非常に端的に表している建物だったと
思います。また、大きな親機となると権威の象徴としての建物が必要で
あったということです[注15]。

　産業構造の変化が地域内の分業のかたちだけでなく、家屋や住まいのかた
ちまでをも変え、総体として、まちに影響を及ぼしていったことが分かる。
親機が問屋の機能を持つようになり、生産の場を他に移して、問屋のような
陳列や商機能を持つように変化を遂げていった。そうすると機屋建ての家を
維持するコストを負担できなくなり、ビルやマンションに変貌を遂げていく
ところもあった。また、生産の場と生活の場を切り離し、住居となったとこ

ろも少なくない。廃業して土地を売らざるを得なくなったことも生産から消費社会の変容を表している。

　西陣のような地域は、生産や生活の場だけでなく、文化や景観を創り出してきた。産業構造が変わり、生産のバランスが崩れることによって生活様式や景観も追随して変容した。生活と産業と文化が一体である地域は少なくなり、市場原理によって切り離された結果、住まいだけの場が生まれることになった。当時の西陣の変容を生産や住まいの観点から、住生活研究所理事の谷垣千秋は、都市景観は「文化、社会、産業の総体」であるとの見方に立って次のように書いている。

　　これまでの京都における『住民自治』は、ものづくり＝生産活動を基礎に築かれてきたととらえ、西陣を選んだ。職住一体という形態をとりながら、生産活動の分業体制がそのまま『住民自治』のシステムに連動していた。しかし、その西陣も市場原理にふりまわされ、生産力の向上にのみ目を奪われた結果、生産様式の変化を制御できなくなった。
　　……（略）京都の景観を特徴づけてきたのは、職住一体という形態にある。生産と生活が密接に絡み合っていたからこそ、あの京都の街並みは可能であった注16。

　都市景観、広義には在来産業がまちに根付いてきた場は職住一体の「文化、社会、産業の総体」と捉えられる。しかし、産業が空洞化していくことによって、その地に根付いてきた文化や社会のかたちも変わることになる。そのかたちを市場原理にさらすと地域の由来と切り離されて場の形質が浮遊し空洞化していった。結果として、生産の場が他地域やグローバルに移転してゆき、「文化、社会、産業の総体」を備えているまちはほとんどなくなったといってよい。

　しかし、生産機能は薄れても、かたちを変えて地域はあり続けていく。リノベーションをつうじて私有だった生産の場がカフェなどのオープンな場に転換する。生産者や事業者、住民によって形成してきたまちが衰退のフェイズに差しかかった折に、「私有財産」だけでなく「公共の財産」として捉える

町家保全の動きも活発になっていく。

(2) 地域産業・生活・文化が混じる多様性

京都・西陣は、生産の場が後退していくと共に、消費の場としての性質を帯びてきた。改めて、山崎正和を引くと、消費とは「ものの消費と再生をその仮の姿としながら、じつは、充実した時間の消耗こそを真の目的とする行為」と定義している。さらに、生産する自我が、機械に近い存在であったのに対して、消費する自我は「もっとも非機械的な、したがってもっとも人間的な存在」とした。さらに、生産する自我を「技術的人間」、対して消費する自我を「藝術的人間」とした。その「消費する自我」は他人に対して柔軟にふるまい、控えめな自己主張、常に一定のしなやかさを保ち、そのなかに有機的な一貫性を守ることが美徳であるとされた。

こうした人間像の変容を前提に、地域やまちの変容から捉えると、そのさまが具体に顕現化してくる。まちを保全し、まちの由来を継承していこうとする態度と共鳴し合う。現代のまちや面としてのリノベーションを特徴づける。生産の場が空洞化したことにより、まちに隙間ができそこに新たな店や人が集積することにつながっていく。これが、住居としての機能だけだと空き家問題となり住宅問題としてしか回収されなくなる。

西陣もまちの商機能やコミュニティの場となりさまざまな人の集う場へと変容しつつある。現代のコミュニティのかたちを象徴している。西陣エリアでは古くからの家屋兼工場や商機能が縮小しつつも、新たなかたちの新陳代謝を生みだしている。そこで京都らしさの価値がいったん崩れかけた時期もあったが、人びとの営みが「消費する自我」「藝術的人間」と重なり合うように地域自体も変容を遂げている。

現在でも西陣は通りを歩くと、織りの音が通りに響いており、一つの産業集積を維持している。非木造住宅や低層のビルもあるが今では馴染んで共存している。内田（2020）は金沢のオーセンティシティを探るなかで「由来」と「馴染み」という言葉をキーワードとして時間軸を織り込んで解釈している。町家でない普通のビルも地域の資源として活用され「由来」や「馴染み」に

よって空間の再解釈がされている。同様のことが西陣でもみられる。西陣織の事業者がリノベーションした町家や家屋は、住居のほか、カフェやゲストハウス、職人技の光る工房、ニッチな食の提供の場などとして継承されている。その合間に非木造の低層の西陣織関係のビルや住居も混在し馴染んでいる。

　西陣周辺やその縁辺エリアは、老舗店はいうまでもなく、新旧のクラフト的なものづくりが根付いている。たとえば、大宮通を北から南に新大宮商店街や並行する通りを歩くだけでも、店や家が交じり、町並みと同じ目線で寺社が現れ、その脇に公園が点在し、景観の統一性とまちの多様性のさまを感じ取れる。古くからある小学校なども同じ目線の高さで連なる。最近では町家がデイサービスや放課後サービス、保育所などとして使われている例も少なくなく、高齢者や子どもも包摂している。

　京都は銭湯も比較的残っており、大正創業の料理旅館の付属浴場をルーツとする船岡温泉や銭湯をリノベーションしたカフェ（さらさ西陣）なども西陣の象徴となっている。船岡温泉には漆塗り天井に牛若丸と鞍馬天狗の彫刻があり、透かし彫りの欄間が脱衣場を囲む。また双方の建築にはマジョリカタイルも残されており、受け継がれてきた手工業や建造物が活かされている。公共の生活空間が観光や外部に開かれることによって、西陣は伝統を活かし新たな消費や文化の象徴を織りまぜながら地域として継続している。京都市は「西陣を中心とした地域活性化ビジョン」を2020年に策定し、西陣の地域の特色を「温故創新・西陣」として、伝統文化や産業の歴史をベースにしつつ、新たな変革を生むための風土づくりを強調している。

　京都は住民や行政によって町並みを維持してきた。2004年の景観法の施行後、全国に先駆けて2005年に制定された京都市景観計画によって京都らしいまちが保全されてきた。京都の風土や伝統文化をまちレベルで保全するために、「守り」「育て」「創り」「活かしていく」ことが基本理念に据えられている。盆地景の自然景観、伝統文化の継承と創造、日常の暮らしや生業から醸し出される京都ならではの雰囲気などを景観保全と一体で創出している。新旧まちの職住の機能が入り交じり合い、京都らしさを形成している。東に

行けば南北を貫く賀茂川（鴨川）にあたる。目線を上げて見渡すと盆地景が立ち上がる。景観としては京都らしさの美学が保たれつつも、町家の再生などをみると業種や用途の入れ代わりがみられ新旧の多様性が備わっている[注17]。こうした京都ならではの景観を「公共の財産」と定め地域の価値を共有している。

　では、「公共の財産」の基準はどのように作られるのか、その判断の基準が地域の価値を共有できる場合はよいが、それがあいまいな場合や「公」から「私」への過度な押しつけがある場合、対立を生んでいく。最近では、オーバーツーリズムによって観光地が過度な消費による市場原理にさらされる時代となっている。かつては「公」の意識が未熟で「私」が目立つことで審美性を欠くとされたが、現代ではその「私」の領域に観光が入ることによって過度に浸食されると、生活に根付いた「公」の維持が難しくなってしまう。オーバーツーリズムがみられる場所ではそのような基準を維持することは容易ではない。職住一体の生活空間は変容したとしても、町並みを保全しながら観光に開かれるなかで新たなかたちで「文化、社会、産業の総体」が模索されることになる。

5　生活的景観の価値

　京都・西陣にみるように生活的景観が観光の価値を高める要素となっている。人びとが歴史的に風景を認識していく過程について論じた中川（2008）によれば、「風景の発見とは、中世的共同体の枠の外へと、未知の世界へ進出した旅行者の存在によって、もっぱらもたらされた」とする[注18]。イギリスでは17世紀末から18世紀にかけて、芸術家や研究者、良家の子弟の間でヨーロッパ大陸へのグランド・ツアーが流行した。とくに、ルネッサンス以降、ヨーロッパ芸術の中心地であったイタリアは芸術家や研究者のあこがれの地となった。未知なる世界に足を踏み入れ、アルプスの自然風土を前に旅行者たちは、新たな風景の心象的価値観を獲得していったわけである。

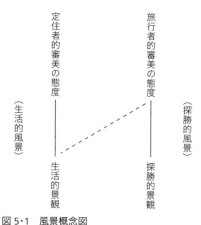

図 5・1　風景概念図

元資料：勝原文夫（1979）『日本風景論序説 農の風景』論創社
出典：中川理（2008）『風景学』共立出版、p.28 を元に作成

　その旅行者の視点から風景が立ち上がるさまを図示したのが図 5・1 の概念
図である。ここにはまず、内側から見た「定住者」の視点と、外側から見た「旅
行者」の視点がある。ここでいう「景観」とは眺めのことであり、定住者と
旅行者それぞれの価値観で認識されることによってはじめて「風景」が生じ
るとされる。ただし、直線関係にある旅行者による「探勝的景観」は実際に
存在するというよりも心象風景にすぎない。一方、定住者による「生活的景
観」についても、他地域と比べることなしに意味づけすることはできず、実
際には成り立つものではない。ここで重要なのは、斜線のねじれた関係であ
り、旅行者、つまり地域の外側にいる者が見出した風景である。旅行者が「生
活的景観」に何らかの意味を付与することによって、「風景」が立ち現れる。
外から価値を与え、それがさらに他者に追体験されることによって「風景像」
がかたちをなしてくる。風景は「個人的な体験による価値が共同化されて成
立するもの」であり、そこには風景の社会的な側面や役割が見出されること
になる。
　つまり、その場の価値を共有するということは、時代性や社会性と密接で
あるということである。時代の転換期、地域に根付いてきた産業や技術は変
容しつつもその要素を受け継ぎ、自然風土と産業・営みの共生像をどのよう

に追い求めていくことができるのか。単に、経済面だけ、生産構造だけに着目するのではなく、自然と人間が共生する暮らしの営為を受け止めていくことが求められる。西陣のような職住一体の地域はそれらが入り混じる場であり、経済の機能は変われども景観や生活文化などの価値は受け継がれている。

これは山崎のいう「技術的人間」から「藝術的人間」への転換、「生産する自我」から時間や過程を重んじる「消費する自我」への転換につうじる。単に産業構造の変化をみるだけでは分かりえず、風景や景観など時間をかけて積層して醸し出す雰囲気も含めて地域を捉えていく必要がある。地域は社会経済面だけでなく、受け継がれてきた生活や産業を表象の集合体として、文化として包括的に捉える見方が求められる。そのような理解をして地域政策や地域づくりの思想が形成されていくべきではなかろうか。

◆注
1 内田（2020）は都市のオーセンティシティを観光のオーセンティシティと区別して考察し、都市のオーセンティシティを以下のように定義している。
「客観的、構築的、個人的といった異なる分類のオーセンティシティの解釈を同じ空間で許容しながら、その解釈への「目」においてはホスト／ゲストの役割が混在し、都市への長い関与の時間の中で真／偽を超えた「馴染み」の感覚を持ち、常に「再解釈」の機会／危機を内包する」。
なかでも、時間の経過によって地域に浸透していく「馴染み」という概念は重要で、観光の時間解釈より長く、都市・地域で生活、仕事をする者からの視点から表象が顕現している。
2 漆原美代子（1978）『都市環境の美学』NHK ブックス。現代の都市や地域の審美を考えるうえでも古びない。引用 pp.160-161。以下、目次である。
　　　Ⅰ　公共精神と美の復権
　　　Ⅱ　公共空間の思想
　　　Ⅲ　型の文化再考
　　　Ⅳ　共生の美学
　　　1　都市的自然
　　　2　他の動物との共生関係
　　　3　「公」と「私」の接点
　　　4　都市と田舎
　　　Ⅴ　地方性の洗練

　　　1　多元化社会

　　　2　中世的良識

　　　3　アイデンティティ

　　　4　1970年代・フランス式モダニズム

　　　5　歴史・文化の連続性

3　漆原、同上書、pp.222-223。

4　山崎（1984）pp.28-29 旧字体のまま引用。

5　山崎、同上書、pp.167-168。下線ママ。

6　山崎、同上書、p.208。

7　内閣官房内閣審議室分室、内閣総理大臣補佐官室 編（1980）『田園都市国家の構想 田園都市構想研究グループ』（大蔵省印刷局）としてまとめられている。『梅棹忠夫著作集第21巻 都市と文化開発』(1993)にも田園都市国家構想の経緯について記されている。9つの研究グループで構成されていた。田園都市国家構想研究グループの議長は梅棹忠夫であり、幹事は山崎正和と香山健一が務め、政策研究員として浅利慶太、黒川紀章、小池和男、竹内宏や当時の若手官僚らが名を連ねた。

8　同上書、内閣官房内閣審議室分室・内閣総理大臣補佐官室編。

9　三全総は、政策の具体化では「リゾート法」など地方の観光開発を箱物行政で進め、その後に施設の運営が破綻するなど行政コストの負担になるケースが多かった。政策の検証過程では箱物行政の批判へとつながった。

10　政府刊行物の同上書のほか、「21世紀の日本学」というシリーズにまとめられ、田園都市国家構想研究グループの討議の内容は、梅棹忠夫ほか著（1982）『連帯の思想と新文化』講談社にまとめられ、その後、加筆され「田園都市国家の構想」として『梅棹忠夫 著作集第21巻 都市と文化開発』に収録されている。これを梅棹は「研究会のメンバー全員の合作というべきかもしれない」としている（p.335）。

11　「都市神殿論」を唱えた梅棹は大阪について以下のようにみていた。

「大阪は最悪のコースをたどってまいりました。都市において生産することが、いかに愚かなことかというと、みなさんはびっくりされるかもしれませんが、本質的にそうだと考えています。大阪は工業都市になって、たくさんの工場を造っていますが、工場は工業時代における〈田んぼ〉です。農業時代は田んぼが生産し、工業時代においては、工場が生産をするのですから、都市のなかに工場をたくさん造るというのは、都市のなかに田んぼをつくったのと同じではないでしょうか」。

　　　　　　　　　　　（梅棹忠夫・上田篤・小松左京（1983）『大阪―歴史を未来へ』）

12　意外にも1970年開催の大阪万博は跡地利用を何も決めずにスタートした。「人類の進歩と調和」をテーマに掲げた当時の万博は、工業化による進歩とそれがもたらした負の遺産をどのように調和するかが最大の課題であった。工業化、都市化が進むほどに自然破壊、環境悪化という犠牲をもたらし、ちょうど世界的にも「成長の限界」がさ

さやかれつつあった頃である。だが、万博の展示は工業化による進歩の披露に集中し、調和にまで踏み込むことはできなかったとされる。むしろ、ようやく日本も戦後から這い上がり、先進国に仲間入りした。欧米諸国と肩を並べるまでになったという「国民的自尊心」を高める装置として万博は見事に働いた。

その後、万博の跡地利用については、梅棹ら関西の知識人たちが中心となって議論を重ね、紆余曲折を経て、広大な「万博の森」に生まれ変わることになった。生態系を配慮して、100 ha の裸地に 100 万本もの樹木が植栽され、約 30 年かけて「万博の森」へと変貌を遂げた。この万博公園の計画に携わった環境プランナーの吉村元男氏は著書のなかで、「大阪万博の『人類の進歩と調和』は、大阪万博とその跡地のなかで『万博の森』という形で奇跡的に実現した」と述べている。万博は祝祭であると同時に長い時間をかけて文明の姿を模索する場でもあることが教訓となる。

13 片方（1995）p.5。

14 西陣織工業組合 (2021)『西陣生産概況 令和 3 年』。生産台数は西陣織工業組合が承認した台数であり、各年 12 月末時点である。

15 住生活研究所編（1995）p.197。

16 同上書、p.196。

17 宗田（2009）を参照。

18 中川（2008）p.29。

第6章

田園都市の産業と文化にみる 「地域の価値」

―京都府・大阪府境の山崎の例―

1 保全か開発か

　産業や文化の歴史を継承し、固有性を醸成している地域は「地域の価値」を創り出す推進力を持っている。一般に産業が盛衰すると地域の求心力も変容する。産業が栄えている時は人や財が集中し、生活を支える社会的機能が生まれていく。産業が衰退していくと、人が減り地域の社会基盤も機能しなくなっていく。しかし、そうした場は開発の圧力にさらされながら抵抗することにより、新たな空間の意味をもたらす場に転じることもある。歴史的な地域資源を残す方法は多様であるけれども、いったん朽ちかけた場が開発か保全かを迫られ、保全と決めた場合、そのような場は外部に開かれることにより新しい価値を持つようになっていく。

　文化と産業の価値を相互的に形成している場をいかに保全し熟成させていくか。住居や仕事の場だけでない要素が地域に根付いているかどうかがその地域の文化の成熟に関わり、観光の価値、オーセンティシティの価値基準にも影響を与える。単に場の転用としてのリノベーションという言葉だけでは回収できない、産業や地域の衰退を転換させ、持続可能性を追求した行為といえる。開発から保全に転じた一つの事例から考察したい。

　京都府と大阪府の境に位置する田園都市である山崎の事例から、固有の産

業があることによって地域のアイデンティティが醸成され、文化が形成され
てきたストーリーを読み解きたい。生活文化に根付いた産業の場が地域にあ
ることの意味は何か。かつてからそこは生産の場としてだけでなく、同時に
自然環境豊かな生活空間も形成していた。しかし、近隣では農地や緑地の開
発が進み、宅地造成やマンション開発が進みつつある。その背景には人口の
維持を一つの指標とみなすことによりジレンマに陥っている地方創生政策が
みてとれ、新たな開発を誘引している。文化や産業的雰囲気を残しつつ、田
園都市を維持していく条件についてこの章では考察したい。

　まず、山崎の地の象徴となっている山荘の建築、取り壊しの危機から開発
阻止、美術館として再生するまでの流れと文化的景観や文化的価値の醸成に
着目する。

2　田園都市の山荘のリノベーション

(1) 山崎を彩る産業と文化

　京都府大山崎町、天王山の麓に建つアサヒビール大山崎山荘美術館はチュ
ーダー・ゴシックの英国風山荘である。一度は開発の危機にあいながらも地
元から保存を求める声が上がり美術館として再生を遂げた。

　山荘は大正期から昭和初期に建てられた。実業家・加賀正太郎が自ら設計
した英国建築の別荘である。天王山の山麓にあり、100 年変わらぬ木造の別
荘は、そこに至る森林の小径、トンネル、庭園と共に景観美を成している。
加賀家の手を離れた山荘は、平成になり郊外の開発で取り壊しの危機にあっ
たが、地元、企業、行政の力で保存、活用に転じた。加賀と縁のあったアサ
ヒビール株式会社が京都府と大山崎町と協力し、山荘を再整備し、1996 年春
に美術館として復元した。コレクションの中核を成すのは朝日麦酒株式会社
（アサヒビール株式会社）の初代社長であった山本為三郎による民藝を中心とし
たコレクションである。山本は芸術・文化に対する理解が深く、民藝運動を
支援し、民藝の担い手たちと交流を深めた。河井寛次郎、濱田庄司、バーナ

ード・リーチ、芹沢銈介などの作品が収められている。民藝は山荘の設えに
よく調和し、美術館の価値を高めている。2004年、大山崎山荘は美術館をは
じめとする建造物が国の文化財に登録された。

　現在はアサヒビール株式会社が管理しており、当時の建造物や庭園、民藝
のコレクションを中心に開かれた美術館として親しまれている。大正期の山
荘と安藤忠雄氏設計のコンクリート建築の新館「地中の宝石箱」が連なり、
新旧の建造物が融合する美術館として名高い。

　またそこから歩いてすぐのところ、天王山の麓にサントリー山崎蒸溜所が
ある。双方は歩いて15分ほどの近さにあるが、府境にまたがり大山崎山荘
は京都府大山崎町、サントリー山崎蒸溜所は大阪府島本町に位置する。山崎
蒸溜所は水無瀬川のほとりにあり霧に覆われることも少なくなく、周囲には
樽の香りが立ち込め、独特の雰囲気を醸し出している。現代の山崎のルーツ
は、後にニッカウヰスキーの創業者となる竹鶴政孝が摂津酒造を経て壽屋
（現、サントリー株式会社）でウイスキー作りを手がけた地であり、およそ100
年、ジャパニーズウイスキーのメッカであり続けてきた。アサヒビール大山
崎山荘美術館とサントリー山崎蒸溜所と一体で「酒」を介した風土・産業・
文化の美を形成している場であり、田園都市の暮らしを彩っている。

　府境にまたがる田園都市といえ、サントリー山崎蒸溜所の脇にはマンショ
ン群が建つが建物の色彩も山崎蒸溜所と同じ煉瓦色に塗られ、景観の一体感
があり調和がとれている。天王山の麓の府境は西国街道も残され、生産と文
化に根付いた景観、適度な居住空間など、大きな開発の手は入らず、大阪と
京都の中間点にありながら田園都市としての風格を備えている。

　しかし、山崎の天王山の麓の地帯、大山崎山荘はバブル期に一度は大規模
マンション開発のための取り壊しの危機にさらされた。当時、住民や行政、
そして企業も動いて開発を阻止したのであった。もし当時、声を上げなかっ
たら、近隣はマンションや宅地開発され、まちのかたちを大きく変えただろ
う。ここではまず大山崎山荘が保存された経緯を記しておきたい[注1]。

(2) 趣味から文化を突きつめた実業家

　大山崎山荘は 1912 年（大正元年）に実業家の加賀正太郎が建て始めた。自らが建物や庭園の設計にも携わり、およそ 20 年かけて増改築して完成に至ったとされている。山荘に至るまでの広大な庭園や樹木は山荘と調和し、郊外の喧騒を忘れ当時のまま佇んでいる。100 年以上前に建てられた山荘の景観美が今にも継承されているのは、加賀正太郎が実業家でありながら趣味人・文化人であったことも大きい。

　大阪の実業家であった加賀正太郎は若くして家業の加賀証券を引き継ぎ、多くの事業に取り組んだ。東京高等商業学校（一橋大学の前身）の在学中、イギリスへ遊学し、その経験が山荘の設計にも影響を与えた。天王山に建つ山荘は、木津川、宇治川、桂川の三川合流が望め、山荘のベランダからの眺めは現在も変わることはない。加賀はその眺望はロンドン郊外のウィンザー城からテムズ川の眺望を彷彿させると手記で述べている。

　加賀は実業家だけでなく、趣味人としても多方面に足跡を残している。スイス・アルプス高峰のユンブラウへ日本人で初めて登頂したとされる。海外の遊学では、イギリス王立キュー・ガーデンの洋蘭栽培に影響を受け、山荘で蘭栽培を手がけた。南米や南アジアなどの原産地から原種を輸入し交配も手がけた。当時、大山崎山荘は洋蘭栽培として名を馳せ、版画集『蘭花譜』として当時の集大成が今にも残っている注2。

　大山崎山荘のコレクションは、加賀が人工交配した蘭は約 1140 種のうち、新種や奇種など約 360 種、輸入交配種約 650 種、原種約 160 種で、鉢は 1 万近くあったとされる。大山崎山荘は洋蘭栽培の場として礎を築いてきたのであった。山荘は景観だけでなく、温度、湿度ともに蘭栽培にとって好立地であった。加賀は 30 年かけて蘭を栽培し、そのコレクションの集大成として木版画による『蘭花譜』を完成させた。イギリスなど欧州の蘭花譜は印刷であったが、加賀は浮世絵に代表される日本の木版技術にこだわり、木版画の蘭花譜を学術的記録として始めて採用したのであった。また、加賀は欧州遊学の見聞を実業だけでなく文化にも広げ、蘭栽培のほか、ゴルフにものめり込み、茨木カンツリークラブの造成も手がけ実業家としての側面だけでなく

趣味人として地域開発に影響を与えた。

　さて、実業家としての加賀正太郎は加賀証券を始め多くの事業に関わったが、大山崎山荘と縁深いのはニッカウヰスキーの前身となる大日本果汁の設立に出資をおこなったことである。ニッカウヰスキーを興したのが竹鶴政孝であった。

　竹鶴は広島・竹原の醸造家に生まれ、後に大阪の摂津酒造に入った。大正初期から中期、大阪ではさまざまな事業が生まれた時期であり洋物を生産することも事業機会の一つであった。当時の日本のウイスキーの技術は低く、竹鶴は社命で本格的なウイスキー作りを学ぶためスコットランドに渡る。1918 年（大正 7）から 1922 年（大正 11）までスコットランドで学び、生涯を共にするリタ夫人とも出会う。だが、帰国後は第一次世界大戦後の不況でウイスキー作りには踏み出せなかった。そのような中、壽屋の鳥井信治郎が竹鶴を招き入れ、1924 年（大正 13）に山崎蒸溜所を建て、日本で始めてとなるウイスキー作りを手がけることになった。しかし、その後、鳥井が竹鶴をビール事業に命じたこともあり、竹鶴はスコットランドの留学で得た本格的な技術でウイスキー製造をするため、壽屋からの独立を考えていた。その会社設立の出資者となったのが加賀正太郎であった。その出会いについて、加賀は『ニッカ十五年の思い出』として残している。

　　　竹鶴氏に始めてお目にかかったのは、昭和 4 年（1929 年）の春の頃と思ふ。之より先、竹鶴氏は大正 13 年（1924 年）壽屋に入社されて、之の年山崎に日本最初のウヰスキー工場を創設された。私達夫婦の住む大山崎山荘とはほんの谷一つ二つを隔てた御近所であったので、いつの間にやら非常に御懇意となって、夕食に招いたり、招かれたり、工場の見学も度重なり、ブレンディングの批評、き、酒に二人共酔っぱらってしまったこともあった注3。

　さらに、竹鶴の夫人リタは加賀夫人の英語教師を務め、両家は近所付き合いを深めていた。竹鶴のウイスキー作りの熱意に打れれ、加賀は一度出資を断ったものの、最初はアップルジュースの製造から始めるということで出資

を了解した。1934年（昭和9）、大日本果汁を設立、北海道余市に工場が建設されたが、当初、アップルジュースは濁るなど苦労の連続であった。それでもウイスキー製造になんとかつなげ、戦後の物資不足のなかで酒類の需要も増え、1952年（昭和27）にニッカウヰスキーに会社名を改称する。ぶつかり合うことも多かったとされているが加賀は竹鶴を励まし支え続けた。しかし病に倒れ、1954年（昭和29）に66歳でこの世を去った。亡くなる直前、大阪の実業界で朝日麦酒（現在のアサヒビール）初代社長の山本為三郎と親交があり、ニッカウヰスキーの株を譲渡したことによって、アサヒビールとニッカウヰスキーが結びつくこととなったのである。

(3) 開発反対から山荘復元へ

　大山崎山荘はその後、加賀家の所有を離れ、一時期は高級レストランなどとして活用された。転売が繰り返され、バブル期には駅から徒歩圏という立地と眺望の良さから不動産開発の波に飲み込まれていく。百棟以上の高級マンションの開発計画が持ち上がったとされる。しかし、地元住民らが反対し熾烈な反対運動にまで発展していった。

　当時の記録によると、1990年（平成2）8月23日、京都府の荒巻禎一知事は浅草吾妻橋のアサヒビール本社を訪ね、樋口廣太郎社長と面会したことが残されている。樋口社長は京都市出身であったことから2人は懇意の間柄であった。この時の会話が転機となり、両者が協力しマンション開発の話は消えていくことになる注4。しかし不動産会社にとってはバブル熱に沸いていた頃の重要な開発用地であり、住民の反対運動で手放したとなると事業に支障をきたすことが予想される。府でも買収交渉は極秘で進められていたという注5。

　1991年（平成3）3月1日の京都府議会予算特別委員会にて、荒巻知事は大山崎山荘をアサヒビールと府、大山崎町が協力して取得し、美術館としての活用や歴史や自然を活かした場を保全していく旨を答弁した。ここから大山崎山荘は美術館として再生を遂げていくわけだが、中山（1996）によれば、山荘の歴史、加賀正太郎が別荘として建てた経緯などについては歴史に埋没し

知られておらず、買収交渉が進む段階で分かったこととされている。奇遇にも時を経て、アサヒビールがニッカウキスキーに縁深い土地を獲得することになったのであった。土地は 1 万 8500 m² のうち、山荘がある中心部の 5500 m² をアサヒビールが、残り 1 万 3000 m² を京都府が買い取り、その一部を大山崎町も分担することとなった。

(4) 山荘を美術館として再生

　美術館は建築家の安藤忠雄の監修で創建時の姿に復元する修復工事がおこなわれた。さらに、大山崎山荘の環境と調和するかたちでコンクリート造りの新館「地中の宝石箱」が半ば地中に埋めた形で設計された。地中に至るまでの階段は木漏れ日の自然光が採り入れられ、地中の美術館にはクロード・モネの「睡蓮」をはじめ、オーギュスト・ルノワールやエドガー・ドガなど印象派の絵画を中心にアサヒビールの近代西洋絵画コレクションが展示され

写真 6·1　アサヒビール大山崎山荘美術館

ている。とくに、モネの「睡蓮」は連作で所蔵されており、実際に大山崎山荘の庭園の睡蓮池につうじるものとなっている。新旧の建造物の協調によって現在の大山崎山荘が成り立っている。

　現在、大山崎山荘の展示室の1階は応接間や居間、食堂などが当時の設えのまま残されており展示室となっている。たとえば、居間の暖炉一つとっても凝った重厚感がある。後漢時代の画像石がはめ込まれ、脇柱には同様の煉瓦の一部である画像磚が施されている。階段の手すりはカーブが継がれた曲線形で、踊り場には女性像が描かれたステンドグラスが自然光を取り入れており目を引く。テラスの池は借景と調和し、飛び石の配置も凝らされ、加賀が趣味としていた蘭栽培の温室に通じる通路となっていた。建築細部をみると、加賀の設計魂と当時の職人技、高質な木と石の融合がみてとれる。階段踊り場のステンドグラスの手前に2羽の鳥と唐草模様が描かれたランプシェイドが吊るされているが、これは山本為三郎が加賀の結婚祝いに贈ったもので加賀のお気に入りだったとされている。当時の大阪商人の交友録が建築を介して残されている。

　美術館の収蔵品はそのアサヒビール初代社長の山本為三郎コレクション約1000点で構成されており、実業家の文化活動が次世代に残るかたちとして継承されているのが特筆すべき点である。山本は民藝運動に深い理解を持っていた。昭和初期、機械化された大量生産が始まった時期であり、手工業が縮小していくなかで、民藝運動は柳宗悦らによって提唱された。民衆的工芸にこそ健やかな無事の美が宿っているとされた。コレクションには河井寛次郎、濱田庄司、バーナード・リーチ[注6]らの作品群をはじめ、ルーシー・リー[注7]など海外の名品も収蔵されている。また、民藝運動に参加した染色家・芹沢銈介、木漆工藝家・黒田辰秋、民藝派と交流を深めた木版画家・棟方志功らの作品もコレクションに収められ、折々に展示されている。

　山本為三郎についても触れておきたい。山本は1893年、大阪・船場の生まれで、父から山為硝子を受け継いだ後、1918年に日本製壜を設立、合併により日本麦酒鉱泉を経て大日本麦酒の取締役に就任した。戦後はGHQの集排法により大日本麦酒が分割され朝日麦酒（現在のアサヒビール株式会社）が設立

され、1949年に初代取締役社長に就任、亡くなる1966年まで社長を務めた。

　山本は濱田庄司が学生時代に家業のガラス工場にやってきた頃から交流があったとされる。河井寛次郎らとも付き合いがあった。1928年（昭和3）東京上野公園で開催された「御大礼記念国産振興博覧会」において「民藝館」建設に尽力する。ここで民藝運動が目指した住宅と器物が一体となった総合的な美が示された。そして、博覧会後には大阪に移築され、実際に山本家の住まいとして使われ「三國荘」と呼ばれるようになった。現在、これらの什器は美術館コレクションの中核をなしている。民藝派の面々と交流を深め、山本が制作を依頼した作品も少なくない。また、山本は全国で20近いホテルを営んでいたが、なかでも大阪ロイヤルホテル（現在のリーガロイヤルホテル大阪）は大阪に国際的なホテルを作りたいと山本が心血を注いで設立した。ホテル内のリーチ・バーは、親交が深かったバーナード・リーチによって手がけられたものである。

　加賀正太郎によって建てられた大山崎山荘は、一時取り壊しの危機にあいながらも、アサヒビール株式会社と京都府、大山崎町の尽力により、安藤忠雄設計の新館が設置され、山本為三郎の民藝を中心としたコレクションによって息を吹き返し現在に至っている。当初のかたちを建築として受け継ぎながら、民藝や建築の美を地域に開いていき、融合的な調和が保たれている。バブル期にマンション開発されていたならば、地域の文化となりえなかったであろう。

3　サントリー山崎蒸溜所

(1) 100年前に建てられた蒸溜所

　山崎は京都府大山崎町と大阪府島本町にまたがる地であり、JR線の駅も西は島本町、東は大山崎町の境となっている。とはいえ、府境を超えての一体的な観光PRがなされることは少ないが、この地の特徴はアサヒビール大山崎山荘美術館とサントリー山崎蒸溜所が相まって一体的な景観や雰囲気をな

していることである。山荘の運営母体と蒸溜所の企業は同業他社にあたるが、ルーツを紐解けば深い関係にあり、表玄関にサントリー山崎工場、天王山の山麓にアサヒビール大山崎山荘が佇んでいる。双方は徒歩15分ほどの距離にあり、山崎での設立当時から関係が深い。

　壽屋（現、サントリー株式会社）の創業者である鳥井信治郎は輸入品でない国産のウイスキーを追求するために竹鶴政孝を招き入れ、ウイスキーづくりに適した地として山崎を選び、日本初の蒸溜所の建設に着手した。天王山の麓、水無瀬の良質な水、霧の竹林などウイスキー醸造に合う気候や風土があり、桂川、宇治川、木津川の三川が合流し、平野と盆地に挟まれた独特の地形と湿潤な気候で、ウイスキーづくりの理想の環境を備えているとされる。山崎からすぐの水無瀬神宮の湧き水は「離宮の水」と呼ばれ、日本の名水百選に選ばれており、仕込水にはこの水無瀬の湧き水が使われている。気候・風土と職人の技により山崎蒸溜所はジャパニーズウイスキーの原点となった。そ

写真6・2　サントリー山崎蒸溜所

の原点を振り返っておきたい[注8]。

　1923 年（大正12）10 月、鳥井信治郎は山崎でのウイスキー製造の一歩を踏み出した。当時、日本に輸入されていた洋酒の総額の半分を国内で製造できないかと鳥井は考えた。しかし当初、ウイスキーの製造については壽屋の全役員が反対したとされる[注9]。スコットランド以外でウイスキー製造に成功した例はないとの理由であった。また、ウイスキーは数年間、原酒を寝かさなければならず、その間の資金をどうするかという問題もあった。また、時間をかけたところで樽を開けた後でないと出来の善し悪しは分からない。ウイスキーがまだ普及していない頃でもあり、たとえ良い製品ができたとしても売れるかどうかは読めない時代であった。

　当時、壽屋には赤玉ポートワインという柱があり、不況にも強い安定した商品として育っていた。赤玉ポートワインの普及は斬新な広告手法に支えられていた[注10]。赤玉ポートワインという「米のめし」があったことで、本格ウイスキー製造に乗り出せたとされる。赤玉ポートワインは葡萄酒を洋酒の座に引き上げたが、それで終わっては小さな会社になると鳥井は考えた。洋酒の王様とされる本格ウイスキーを手がけることによって、ブレンダーとしての夢に向かっていったのであった。

　スコットランドでウイスキーづくりを学んで帰って来た竹鶴政孝を当時破格の年俸四千円で壽屋に迎え入れた。またウイスキーの貯蔵に適した山崎の地を見つけた。大阪平野と京都盆地の接合地点で濃霧も発生しやすく、水無瀬の良質な地下水にも恵まれていた。イギリスの専門家を招いて検査を受けると、醸造に最もふさわしい水とお墨付きをもらった。

(2) 山崎でのウイスキー誕生

　1930 年（昭和5）4 月に出された「工場案内」は次のようなものであった[注11]。

　　在　東海道線　大阪府下　古戦場を以て名だたる山崎駅の西北　天王山の中腹に拓かる敷地三千余坪　構造設備　渾てかのスコットランドに於けるポットスチル式を採用せり　そもそもウキスキー醸造に最

も緊要なるものは気候水質等々　孰れも多くは之を天恵に俟つ　吾国の未だ斯業に手を染めたるものなき　故なきに非ず　弊社志多年　東方に使して寿薬を求むるの思ひを敢てし　具さに其地を探りて漸く山崎を得　醸造創始　既に八年を閲す　蓋し山崎醸すに宜きは　蘇格蘭のローゼス峡に等しく　和酒に於ては灘に当る――

　山崎の地を得て長期間かけて醸造に入った。1929年（昭和4）にサントリーウイスキー白札が発売されることになる。スコットランドと同じ製法に従い、シェリー酒を染み込ませた樽に寝かせたが、当初、原酒は焦げ臭くスコッチとは遠いものであったとされる。工場長の竹鶴は再びイギリスに渡るなどして原因を追求した。ビートの炊きすぎや酵母に問題があったことが判明した。山崎工場では吹田にあった大日本麦酒（現アサヒビール株式会社）から酵母を分けてもらっていた。翌年には白札の普及版のサントリーウイスキー赤札を発売する。しかし、製品は売れず、赤玉ポートワインで儲けた資金が吸い取られ、「ウスケ」とも揶揄された。1931年（昭和6）にはウイスキーの仕込を中止する窮地に追い込まれた。しかし、山口によると、大正から昭和初期に入社した社員は、「あのときサントリー売れなんだのがよかったんや」と口を揃えていたという。売れないことによって原酒が貯蔵庫に寝かされることになり、やがて12年ものができ、本物のウイスキーとなったというわけである。

　鳥井はウイスキーのために資金調達が必要で他の事業も拡大していった。1928年（昭和3）には日英醸造株式会社を買収し横浜工場とした。鳥井はビールにも夢を抱いており、ウイスキーとビールの2本立てを理想とした。その後、トリスソース、トリス紅茶、濃縮リンゴジュース、リンゴ酒シャンパン「ポンパン」などの製品を販売した[注12]。1933年（昭和8）にはビール事業を分離し、大日本麦酒に譲渡、ワイン醸造のために1935年（昭和10）に山梨農場を設け、本格リキュールの研究をおこなう。

　そして、1937年（昭和12）にサントリーウイスキー角瓶を発売することになる。戦争の影響も大きく、スコッチの輸入も次第に制限されていった。軍隊でサントリーの味を知った人も少なくないとされ、戦後のウイスキーの普

及につながったとされる。1939 〜 1940 年（昭和 14 〜 15）にはウイスキー販売が好調となり、社員のボーナスが 40 カ月や 50 カ月分支給されたという。1938 年（昭和 13）には直営のサントリーバーを梅田に開店、1940 年（昭和 15）にはサントリーオールドを発売している。

　しかし戦況の悪化と共に、1944 年（昭和 19）、軍需会社に指定され、大阪工場の隣接地の第二工場で航空機燃料を製造[注 13]。1945 年（昭和 20）、空襲により焼け、終戦時、壽屋に残っていたのは山崎工場だけだった。山崎の原酒の樽は貯蔵され残っており、原酒だけが生き続けていたとされる。山崎を起点にそこから戦後の壽屋の復興が始まった[注 14]。日本のウイスキーの原点となる地として受け継がれてきた。

(3) 現在の山崎蒸溜所

　創業から 100 年近くたった今も同じ地でウイスキーづくりがおこなわれている。当時誰も手がけていなかった国産ウイスキーづくりへの挑戦はジャパニーズウイスキーの原点となり、天王山の麓の蒸溜所は山崎の象徴となっている。

　現在の山崎蒸溜所のウイスキー製造の工程は次のとおりである[注 15]。二条大麦を発芽・乾燥させ麦芽にし、それを砕いて仕込水と共に仕込槽へ入れ、でん粉が糖に分解されたら、ゆっくりろ過し澄んだ麦汁を作る。ろ過した麦汁を発酵槽に移し、酵母を加えると、麦汁の糖がアルコールと炭酸ガスに分解され、ウイスキーの香味成分が作られる。この発酵液がもろみとななるが、酵母の酒類や発酵条件によって異なり、山崎蒸溜所では木桶発酵槽とステンレス発酵槽の二種が使い分けられている。発酵によって生まれたもろみをポットスチルに入れ、二度蒸溜することにより、アルコール度数の高いニューポット（蒸溜されたばかりの無色透明なモルトウイスキー）を生み出す。蒸溜されたニューポットを樽に詰めて、長時間寝かせ熟成させる。山崎蒸溜所では、酵母、発酵槽、蒸溜釜、貯蔵樽を使い分けながら、多彩なモルト原酒を生み出している。とくに、ストレート型のポットスチルで蒸溜したニューポットを大きめの樽に寝かせる長期熟成タイプは、重厚な味わいで山崎のモルト原酒

の特徴の一つとされている。

　ジャパニーズウイスキーは世界的に愛好家も多く、年々その価値を高めている。ウイスキーの輸出額は2013年に約40億円だったが、2019年に約194億円となった。コロナ禍に入るとさらに増え、2020年は約271億円、2021年は約461億円と伸びている[注16]。

　現在、山崎蒸溜所の見学ツアーも実施されており、ウイスキーづくりの工程を実際に見ることができる。周辺には熟成した樽の香りが立ち込め、創業時と変わらず天王山を後景に文化的景観を形成している場である。蒸溜所の後方には1990年代にマンション群が建設されたが、山崎蒸溜所の煉瓦色と同色で統一されており景観を損なわず、暮らしの場とも一体感がある。先述のアサヒビール大山崎山荘美術館と一体的に、100年の時を経て、酒を介した独特の産業と文化、景観を形成してきた。

4　産業の由来と文化醸成のアイデンティティ

　山崎の事例は田園都市の文化と産業が織りなす場として、持続可能な地域の条件を100年の歴史を通して示唆している。地域は住む場所、生産する場所だけに偏るのでは、衰退のフェイズに入るとその時代だけの機能で終わってしまう。山崎の事例から、持続可能な田園都市への示唆として以下を挙げることができる。

　第一に、開発や経済的価値だけに流されず、文化と産業が根付いてきた場を継承していくことは地域のアイデンティティを醸成していく場として大きな意味を持っている。大山崎山荘の美術館としての再生は、100年を経ての継承で時間をかけて価値が醸成されていった。企業が運営に関与したことで文化的価値を保っていくことができたが、行政や住民の開発から文化の場を守る運動に端を発した協働のまちづくりのかたちといえる。また「私」から「公」に開いていくことによって、地域に直接関わる主体だけでなく、間接的に巻き込んでいく力が文化には内在していることを示している。府境にまた

がり大規模な開発の手が入らなかったことも遠因に作用したが、文化や産業が持続性を担保したのがなにより大きい。

　第二に、場を継承していくことに価値を持つようになっていることである。時代の変容を映し出しているが、新たに築いたり、そのまま受け継ぐのではなく、機能美を大きく変えずリノベーションして新たに変容させていくことが価値を持ちつつある。地域の由来を継承した開かれた文化拠点が重要である。時代の積層により地域のアイデンティティや価値が雰囲気として醸成される場となっている。

　第三に、産業のなかでも、生活文化産業や「食」産業のように地域資源を活用した産業は生活と近い領域にあるからこそ、住む場と生産の場が近く共存できる。山崎の場合はサントリー山崎蒸溜所が象徴的で自然と産業の共生の場でもあり、100年近くその関係性を保ってきた。自然と産業が共存・共生する場を再評価し、都市近郊でもそのようなところに地域経済の持続可能性の条件を見出していく時代にある。

　つまり、これらの特徴を総括すると、地域の持続性には「生産する自我」から「消費する自我」への変容がみてとれる。前章で取り上げた山崎正和の定義を引くと、消費とは「ものの消費と再生をその仮の姿としながら、じつは、充実した時間の消耗こそを真の目的とする行為」と定義した。さらに、生産する自我が、機械に近い存在であったのに対して、消費する自我は「もっとも非機械的な、したがってもっとも人間的な存在」とした。先に、工業都市であったイタリア・トリノの転換や京都・西陣の変容を取り上げたが、郊外の田園都市、とくに生産の場としての性質を持つような場所は「充実した時間の消耗」の表象の場として顕現してきているといえよう。時間の消耗が文化となり、それを企業や美術館としてリノベーションした山荘が受け継いで、地域のアイデンティティを醸し出している。

　逆に、生産の場だけ、単に住居の場だけという単一の機能しか持たない場は「消費する自我」が芽生えにくいともいえる。地域の持続性も一世代のみの持続となる。こう考えると、地域の多様性の範囲は実は広いもので、単に生産や産業の多様性だけに留めておくものではない。「消費する自我」が顕現

するような場を地域に築いていくことが求められる。意識として作り出された都市化した場ではなく、自然環境や緑と近い環境にあるからこそ人間的な産業や文化の生成が持続していく。

5　田園都市を揺るがす開発

(1) 農地・緑地と住宅地の共存

　大山崎は開発を免れ、山荘を美術館として再生させたが、徒歩圏のエリア、とくに農地には開発の波が押し寄せている。山崎から 1 駅だが、徒歩圏内の JR 島本駅前はマンション開発によって田園の景観を失いつつある。農の風景や田園空間を維持しようとしても、現在の地域政策が人口政策に近づきつつあるなか、自治体にとっては住宅開発や利便性のための再開発を拒む理由はなかなか見当たらない。2015 年から 2020 年の国勢調査による人口増加率をみると、大山崎町と島本町は増加を示している（大山崎町 5.1%、島本町 3.1%）。島本町の人口増加率は大阪府下で最も高く、大山崎町も京都府上位にある。近年、住宅開発が進んでおり、これまでの住環境や田園都市の状態とは異なるフェイズに差しかかっている。

　近年の住宅開発の背景には、都市の緑地、農地の保全とも関わる「2022 年問題」がある。再開発が進む一方で、都市や郊外に点在する緑地や農地をどう保持していくか、住宅地との共存が問われ、郊外や都市住民にとって深刻な課題が突きつけられている。現在、全国の都市の生産緑地は約 1 万 3000 ha あるとされる。1991 年、政府は農地の宅地並み課税を実施する一方、都市の農家を保護し、緑地を保全するため、30 年間農業を営む者に宅地並みの課税の免除や相続税の納税猶予を認めた。だが、猶予の切れる 2022 年には生産緑地の大半で宅地開発が可能になった。人口減少で宅地化のニーズは縮小しているとはいえ、不動産業界、デベロッパーがこの好機を見過ごすわけがない。農地が大量に宅地化されれば、緑の環境は都市から消滅するとともに、不動産も供給過多となり土地価格も急落することが予想される。

そこで2017年、生産緑地法が改正され、30年の期限が来る前に「特定生産緑地」の手続きをとれば、従前どおりの宅地並み課税の免除が受けられるようになった。さらに営農だけでなく、農家レストランや直売所も設置できるようになり、豊かな農空間が都市に生まれることを後押ししている。また、都市計画法も改正され、「田園住居地域」という新しい用途地域が設けられ、都市自治体は農と宅地が共存するまちづくりを進めやすくなった[注17]。

　現在、郊外では生産緑地を貸し農園にしたりして、子育て世帯を中心に都市の農のコミュニティ拠点が築かれつつある。しかし実際には、郊外都市は揺れている。制度的には都市の農地を継続的に保全していく枠組みが整えられたが、生産緑地の農家も高齢化し代替わりして、土地を売却する人も増え、開発計画が持ち上がっているところも少なくない。

　山崎エリアを構成する京都府大山崎町と大阪府島本町は緑豊かな地域であり、自然環境を求めて居住する世帯が多い。JR京都線の島本駅は山崎駅と高

写真6・3　JR島本駅の農の風景（2018年）
2023年現在はマンション開発中

槻駅との間に新駅として 2008 年にできた注18。島本駅と山崎駅の区間は 2 km 少しで徒歩圏内にあり、水無瀬川を挟んで一体で田園都市の景観をなしている。JR 島本駅西側のエリアは見渡すかぎり農地が広がっており、住宅地は農地を超えて山側と河川側に造成され、農地と共存していた町であった。駅前に広がっていた農業風景はとても都市部とは思えず、一角は貸し農園としても開放され、都市の田園景観を豊かに彩っていた。山間部の住宅地から駅までの道のりは農地の中の細い農道を通る。道中は田植え、稲刈りの光景や、四季折々の野菜を育てる人の姿があり、農道は近隣の高校生の通学路も兼ねていて生活の延長上に農の風景が自然とあった。しかし、2022 年現在、駅前開発とマンション造成が進み、駅前の田園景観は失われた。

　2017 年、隣接の高槻市との合併案が浮上するなか、町は高層マンションの建設を可能とするため都市計画を変更した。一方で住民による反対運動も大きく展開された。タウンミーティングや住民説明会も重ねられてきた。「マンションにしてしまうと、農空間の風景という町の魅力が失われる」という住民の意見に対し、町は農家の高齢化により営農が継続できず景観も維持できないとしたうえで、「人口減少社会においても、利便性の高い駅前地区での土地区画整理事業によるまちづくりは、定住人口の増加に寄与するとともに、道路や下水道をはじめとするインフラの整備も進むことから、集合住宅を誘導し、当該地区のまちづくりを進めてまいります」との立場を貫いた注19。

　実際、焦点となっている駅前農地の周辺エリアから取り囲むように宅地化が始まり、駅前の都市農地はなくなりマンション計画が進んでいる。開発とは無縁だった大阪と京都にまたがる府境の島本・山崎エリアだが、駅前の利便性向上、人口増加と自然環境保全の板挟みにある。

　実際、農地を所有していた農家も高齢化し、宅地並みの課税の免除や相続税の納税猶予が切れるタイミングなども重なり、土地を手放すには好タイミングだったともいえ、農地所有者らによる土地区間整理事業者組合は一致団結の動きであった。一見、耕作放棄地は見当たらず営農が続けられていた農地でも開発の話が出てからの展開はとても早いものであった。JR の新駅も開業し、大阪と京都間の最後の優良地という好立地のふれこみで開発される

のは時間の問題でもあった。町では、都市計画マスタープランを作成し、駅前にふさわしい良好な環境と機能を備えたまちづくりの推進を目的に、公共施設の整備および景観形成等に関する議論をおこなうことを目的にまちづくり委員会を重ねている。

　難しいのは、農地・土地所有者である古くからの住民と、後に田園都市に惹かれて定住してきた新住民との間にみられる、地域の景観・緑地・農地保全をめぐる対立の構図である。古くからの住民である農地所有者が土地を手放し開発を容認し、新住民を中心に開発反対運動が展開されたのは、人口減少、高齢化、核家族化が進んだ郊外都市のあり方に一つの問題を投げかけている。地域のあり方を住民や行政がどう構想し、その価値をどう共有していくか。持続可能な地域のあり方とは何か、人口増加にすり替えられるものでは到底なく、現代的な問題を孕んでいる。

(2) 地域創生、人口維持と開発のジレンマ

　都市計画上のマネジメントだけでなく、次の二つの制度や政策とも関わる。第一に、先に触れた宅地並み課税の免除や相続税の納税猶予が切れる「2022年問題」のタイミングに重なったことである。「特定生産緑地」の手続きをとれば、従前どおりの宅地並み課税の免除が受けられるようになり、農業だけでなく、農家レストラン、直売所などを設置できるようになったとはいえ、その制度設計は地元自治体がマネジメントして実行の手だてを持たないかぎり現実にはなりにくい。財政面からみると、行政にとっては当然、宅地・マンション開発によって固定資産税や住民税の税収が上がるメリットはとても大きい。土地を農地として継続させるよりかは、開発による人口増加政策に傾斜していくことになる。

　実際、都市住民を対象とした居住地選択についてのアンケート調査によると、「自然の豊かさ」を重視する人は7割を超えるが、「農地」を重視する人は2割にすぎない[注20]。さらに自然重視を選択した人の半数は、農地を重視しないと回答している。都市住民にとって「農」は自分の地域にはない遠い存在となっていることが分かる。

第二に、2014年から2015年にかけて地方創生がうたわれた頃、国が各自治体に「まち・ひと・しごと創生計画」を作成させ人口目標やKPI（キー・パフォーマンス・インディケーター：重要業績評価指標）など数値化を明確にさせたこととも深く関係する。地域経営をしていくには中長期の目標は必要だが、地域の維持のため人口の維持や増加を中長期目標の第一義としたことは開発主義を加速させている面がある。国が主導してきた地方創生政策は、自治体に人口戦略などの人口プランや生産性上昇など経済指標などの戦略を策定させた。それらに対し、KPIを設定し、目標値を明確にさせた。

　こうした地方創生政策自体が新自由主義・ネオリベラリズムの発想に近いという見解が共有されつつある。戦略を策定した自治体に対して交付金・補助金が支給されるため、急ぎ策定した自治体も少なくなかった。本来はどのような地域政策を長期に構想していくか、地域のあり方や個人の価値観の変容などをベースに政策討議すべきだが、人口目標の設定が先立った。まして数値目標も連動させると本質を見失ってしまう恐れがある。人口減少局面においてパイが縮小するなかで、個人の豊かさ、幸福、社会の厚生をどう最大化していくのか、当然、答えも方法も一つではない。逆に数値目標・評価が明確になりすぎると、手段や方法論に囚われ、理念が埋没してしまう。

　実際、現在の地方創生政策は、定住人口の増加を打ち出す自治体が多く、子育て世代の優遇政策や医療補助支援などが主流となり、子育て世帯にターゲットを置いた定住政策を加速させ、人口が転入しているところも少なからずある。そのような自治体は地方創生政策の恩恵を受け、成果につなげている。しかし、広域圏域で減少しながら、生産年齢人口と年少人口の自治体間での奪い合いを生んでいる事態ともいえよう。

　こうした状況を瀬田（2021）は、「……条件の良いものだけが目標を達成する優勝劣敗を進めるだけでなく、周囲への影響を考慮に入れず、やみくもに自らの目標を達成するためだけに血道を上げるといったことが生じている。ネオリベラリズムという経済理論・経済思想的な文脈から述べられることはあまりないが、実質的には、主体の自由と市場原理をベースに、結果としての均衡をあるべき姿とするネオリベラリズムの発想に近い政策である」とし

ている注21。

　都市政策だけでなく、地方創生政策もネオリベラリズムであるとするなら
ば、今や多くの都市政策、地域政策がこうした市場原理をベースにした成果
主義を踏襲しているとみてよいのではないだろうか。

　このように自治体が人口維持を目標に開発を促進するのは地方創生政策の
流れのなかで一つのスタンダードとなっている。人口減少時代、誰が責任を
もってその土地の自然・環境を守っていくのか。人口増加・維持を豊かさの
基準と考えるところから生まれるジレンマであり、地方だけでなく郊外や田
園都市にこそこのような問題が先鋭的に浮上している。

6　持続可能な田園都市とは

　人口増加・維持を是とする定住政策の圧力が高まるなか、エリアとしての
田園都市の環境の維持はそのせめぎ合いのなかに立たされている。

　田園都市としての山崎の地のアイデンティティを醸成しているのは、サン
トリー山崎蒸溜所とアサヒビール大山崎山荘美術館、そして農や緑地の風景
であり、それらと住環境が調和し、生活文化、産業、自然環境が相互に醸成
されてきたといえる。大山崎山荘はマンション開発を阻止して、山荘を維持
し、山荘のルーツを活かした美術館として再生し、この地の文化を新たなか
たちで持続させてきた。ウイスキー蒸溜所という地域のアイデンティティと
なる地域資源を活かした産業が100年続いてきたこともこの地の特徴をかた
ち作っている。開発や経済的価値では測れない、むしろ時間をかけて継承さ
れてきた文化と産業が地域のアイデンティティを醸成させてきた。

　現在は田園都市の郊外であっても農地や緑地を継承していくには問題を孕
んでいる。都市再開発が進むと宅地やマンション開発によって環境の維持が
困難になる。それは単に農の担い手の問題だけでなく、自治体の財政運営や
地方創生政策など人口維持を目標とした政策が地域経営の目標となることに
よる弊害を孕んでいるといえる。田園都市の居住環境は単に働く場と居住が

近いというだけでなく、文化や産業が継承されていき、さらには自然環境や農の営みも継承されていくことが理想である。

　田園都市がクローズアップされるなか、住環境だけでなく、都市農業をどう持続させていくか、景観をどう維持していくか、地域開発に対するアンチテーゼとしてではなく、共存のかたちを模索していかなければならない。産業や文化で培われてきた地域の価値を継承していくためにも、暮らしの場だけでなく、生産や営み、文化、農、それらから構成される景観を維持していくための指針なりビジョンが求められる。

◆注

1　アサヒビール大山崎山荘美術館に関する記述は、アサヒビール大山崎山荘美術館（2006）、同（2016）、中山（1996）、加賀（2006）などの資料を参考にした。

2　加賀自らが書いた「蘭花譜序」（1946）では以下の述懐がある。
　「余は少年の時蝶を追って山に入り、山が好きになつた。当時の日本本土産蝶類147種の採取が成功に近づく頃には、植物に対する愛好心が芽生えていた。高山植物の採取栽培に始まり、次第に平地の植物に移つて、栽培最も困難なる蘭科植物の栽培が結局終生のホビーとなつてしまつた」（加賀、p.67）。

3　中山（1996）p.69。元資料は加賀正太郎「ニッカ十五年の思い出」。

4　中山、pp.73-74によれば、以下のような内容の会話があったとされる。
　　　　荒巻知事「困ったことがありましたねェ」
　　　　樋口社長「何ですか」
　　　　荒巻知事「天王山の麓に大規模なマンション計画が起きているのです。天王山は日本人が歴史を考える上で重要な場所だし、景観も素晴らしい所なんですよ。何とかしたいのですが」
　　　　樋口社長「応援しましょうか」

5　中山、pp.72-77を参照。

6　バーナード・リーチは日本で暮らし、民藝の人脈やつながりが深かった英国人。1920年に渡英し、失われていた伝統的な陶器、化粧土を使ったスリップウェアの研究をした。コーンウォール州セントアイブスで東洋式の登り窯を築き、工房「リーチ・ポタリー」を設立した。アサヒビール大山崎山荘美術館で2022年春〜7月3日まで開催の「コレクション春」では、バーナード・リーチのスリップウェアの小皿が展示された。小皿の模様には山本為三郎の「為」と思われる字が模様として施されており、両者の親交の深さを思わせるものである。

7　ルーシー・リーはイギリスを代表する女性陶芸家（1902〜1995年）。ウィーンに生ま

れ、第二次世界対戦中にイギリスに逃れてから、ロンドン、アルビオン・ミューズを拠点に活躍した。白釉をはじめピンクやブルーなど鮮やかな色を自在に出す釉薬の使い方、素地に直に色を塗る技法、薄づくりの器、凛とした美しい高台など独自の「ルーシー・リー様式」を生み出した。バーナード・リーチとも親交が深く、柳宗悦や濱田庄司とも交友があった。とくに晩年の作品が世界で高く評価され、89歳で大英帝国勲章を受章。2015年には没後20年を機に全国で巡回展が開催され、アサヒビール大山崎山荘美術館でも2015年9月19日〜12月13日に「かたちのであい ルーシー・リー、ハンス・コパーと英国陶磁」が企画展示された。

8 山口瞳・開高健（2003）『やってみなはれ みとくんなはれ』新潮文庫を参照。山口瞳「青雲の志について —小説・鳥井信治郎—」、開高健「やってみなはれ—サントリーの70年・戦後編—」の二部構成である。元はサントリー株式会社から刊行された社史『やってみなはれ サントリーの70年Ⅰ』（1969年6月）として書かれたものである。

9 山口、p.146を参照。当時、壽屋の役員には、東洋製罐社長で後の通算大臣になる高碕達之助、「イカリソース」の山城屋の木村幸次郎、味の素の鈴木三郎介などがおり、全役員が反対したとされている。

10 山口、pp.100-105、p.114を参照。赤玉ポートワインは、黒ずんだセピア色をトーンにワインにだけ赤を施したヌードポスターが有名である。後に赤玉楽劇団のプリマドンナとなる松島恵美子がモデルとなった。また、独自の広報戦略である報奨金制度によっても普及した。壽屋では赤玉ポートワインの函の中にハガキを入れた。小売店がそれを返送することにより、1函70銭を小売店に送った。また函人景品をつけ、店員様と書いた袋にシャープペンシル、ナイフ、手帳、キーホルダーなどを入れた。鳥井信治郎の人の心の機微を掴んだリベートのアイデアとされている。こうしてウイスキーを製造するために赤玉ポートワインを売れるだけ売ったとされる。しかし、他社が真似するなどして1934年（昭和9）には報奨金制度を廃止した。

11 山口、p.149を参照。

12 当時、「ポンパン」などのシャンパンのガスの瓶詰も危険であり、開発や改良に時間がかけられた。鳥井信治郎の右腕で壽屋の大番頭であった作田耕三が大阪工場長であり、社史でも「作田なくしてサントリーなし」とされている。

13 当時、大阪工場は大阪市東区（現、中央区）住吉町にあり創業の地でもあった。鳥井信治郎は東区釣鐘町が出生地である。

14 戦後からの復興については、開高健「やってみなはれ—サントリーの70年・戦後編—」が原体験によって書かれ、山口瞳の文と共に唯一無二の社史といえよう。

15「サントリー山崎蒸溜所」パンフレットより。

16 国税庁「国産酒輸出額」。『読売新聞』2022年10月5日付より。

17 青山（2018）を参照。

18 2008年3月、東海道本線（JR京都線）の高槻駅〜山崎駅の間に新駅の島本駅が開業した。

19 タウンミーティングや住民説明会で出された意見に対して町が見解を示している。
　一番の焦点となった「マンションにしてしまうと、農空間の風景という町の魅力が失われる」という意見に対し、「町の考え方」として以下のとおり回答している。
「現在の駅前の風景については、景観上まちの魅力の一つであるというご意見をいただいておりますが、当地区において農業に従事されているみなさまの高齢化や後継者不足といった理由により、営農を継続することが困難な状況になっており、今後このような景観は、維持されなくなる可能性が高くなっております。
このような状況の中で、地権者のみなさまが、個人で土地利用を図られるのではなく、まちづくり組織を結成され、区域一帯のまちづくりを実施されることに関しましては、駅前地区にふさわしい都市機能の充実・強化を図る上で、また、都市計画上の観点からも非常に重要なことであるものと認識しております。
そのため、当地区については、緑道沿いや駅前道路沿いの民有地において景観や緑化に配慮し、地域全体で20％以上の緑化率となるよう誘導するなど、新たなまちの魅力の一つにしてまいりたいと考えております。このほか、マンション等の高度規制を定めるべきとのご意見につきましては、当地区のみならず、町全体として検討させていただく必要があるものと考えております。
……（略）また、町として、これ以上の人口増加の抑制を図るべきとのご意見もありますが、人口減少社会においても、利便性の高い駅前地区での土地区画整理事業によるまちづくりは、定住人口の増加に寄与するとともに、道路や下水道をはじめとするインフラの整備も進むことから、集合住宅を誘導し、当該地区のまちづくりを進めてまいります」。

島本町ホームページ 〈https://www.town.shimamoto.lg.jp/uploaded/attachment/4261.pdf〉

（閲覧日：2022 年 8 月 10 日）

20 福塚（2019）を参照。
21 瀬田（2021）p.33。

第4部

分散への潮流と
持続可能な
地域への手がかり

4

第7章

分散型社会と地域の受け皿

1 分散への潮流

　新型コロナウイルス感染症は、わたしたちの働き方やライフスタイル、都市集中のリスク、医療のあり方など、現代社会に多くの課題を突きつけた。生命の危機だけでなく、休業や雇用不安に追い込まれ社会秩序もゆらいでいる。新たな生活様式として、リモートワークの浸透やソーシャルディスタンスの確保が必要とされ、経済活動を持続させるためにも生活様式だけでなく国土・県土構造、都市のあり方、都市と地方の関係、地方分散の可能性など、あらゆるレベルで都市・地域のあり方を見直す機会になりつつある。

　以前から、とくに人口減少・高齢化が社会問題として浮上した 2000 年代後半あたりから、国土構造の変化に関しては、一極集中からそれを緩和する形での分散型社会、多極構造の必要性は高まっていた。大都市集中、とくに東京一極集中は人口増加と工業化、高度経済成長とともに作り出された。人口減少に差しかかった 10 年以上前から分散化、多極構造の議論は盛んにあり、地方創生など国家レベルで政策も講じられてきたが、現実には一極集中構造が定常的に続いてきた。このように政策ではどうにもならなかった分散型社会へのシフトが、ここにきて新たな動きをみせている。この章では、分散型社会への潮流として、移住によるライフシフトの動きや柔軟な働き方を

促すサテライトオフィスの設置、地域側の空き家活用のまちづくりなどの動きがどのように起きつつあるのかみていきたい。

　感染症は都市集中の危険性をあぶり出し、リモートワークがあっという間に定着した。そうすると居住スペースが重要となる。オフィス近くに住み、都市に集住する意味は薄れ、コンクリートに囲まれた環境から自然豊かな環境へ、快適な居住空間を求める動きが出始めた。実際、東京都から人口転出が始まり、2020年度はしばらく転出超過の状態が続いた[注1]。現状は地方への移住というより、首都圏近郊の郊外の戸建てに移る人が多いとされるが、集中から分散へのシフトは、感染症対策、ワークスタイルの変化のみならず、地域社会を維持していくうえでも望ましい。それを支えるのはオンラインの仕事環境だけでない。都市でなくてもよい生活環境が揃いつつあるからだ。現代のITインフラによって、家から一歩も出ずに買い物もできる。アマゾンなどの巨大デジタルプラットフォームと、運送システムの組み合わせが新たな消費社会インフラとして定着した。配送業の需要増加はワークスタイルも変え、都市部では自転車にまたがりスマホと大きなリュックを抱えるウーバーイーツ（Uber Eats）などギグワーカーが急増している。個人事業主とされ企業と雇用関係にないことから、過重労働や事故など自己責任とされており世界的に社会問題化している。冒頭、「ケインズの誤算」について触れたが、便利さを享受するする社会が広がる一方で、欲望の消費社会はいくつもの矛盾と限界を孕んでいる。

　オンライン社会は身体性が伴わない領域が広がることを意味する。非接触社会の身体性を伴わない都市化が進むと、その反動であらゆる場面で社会に亀裂が生じることは多くの知識人が警鐘を鳴らしてきた。たとえば、養老孟司氏は、都市化は脳化社会、つまり人間が脳で考え作り出した社会で、自然や意味のないものを排除しているとする[注2]。都市は身体性を伴わない。都市に住む人が自然を排除しようとするのは感覚を通して世界を受け入れないからであって、人間は意味を持った情報を通して世界を理解しようとする。だから意味のないもの、分からないものを意識が排除しようとする。自然もそうで人間は都市から自然を排除してきた。養老氏はかねてより現代の参勤

交代を唱えてきた。都市住民は自然の多い地方で一定期間過ごすということを決める。建築家の隈研吾氏との対談で、都市の持っている力に対抗するためには、参勤交代によって、自然の多い場所で一定期間過ごすことが重要だと述べている。建築の歴史では、100年前のスペイン風邪の終息後、アメリカでは超高層ビルの建築がブームとなり、都市化の爆発が起こった。しかし、今回の新型コロナ終息後は、前回と反対に、自然に向かう爆発が起きるのではないかとする注3。

　都市もオンライン社会も意識が作り出した世界であり、かつ脳化社会といえ身体性を伴わない。だからこそ、人間の理屈ではどうにもならない自然と向き合うことによって身体性を取り戻すことは、リモートワークやオンライン社会が浸透しつつある現代こそ重要性を帯びてきている。自然との接触領域を生活のなかで増やし、地域社会を再構築していくことが価値を持つようになることを示唆している。コロナ禍で都市のなかで身動きがとれなくなった状態を経験し、養老氏の参勤交代の語りの本質が身を持って染みてくる。

2　田園回帰の状況

(1)　コロナ禍前の人口移動の特徴

　では、近年の都市と地方の人口移動はどのような特徴がみられるか。東京一極集中と田園回帰の状況の一端を近年の傾向と合わせてみていくことにしたい。人口移動の動向については、大きく三つの特徴があげられる注4。そのなかで田園回帰は数でみれば小さな動きだが、都市に向かう人口と農村に向かう人口の概況をまず押さえておきたい。

　第一に、東京一極集中が依然として続いている。2015年以降、地方創生の流れのなかで各自治体が定住政策を充実させたものの、コロナ禍前まで東京一極集中に歯止めはかかっていなかった。しかし、コロナ禍によって人口移動の転移がみられた。実際に東京都から人口転出が始まり、2020年7月から8カ月間連続で転出超過の状態が続いた。ただし、現状は地方への移住とい

うより東京近郊の埼玉県や千葉県、神奈川県の郊外に移る人が多いとされる注5。

　住民基本台帳による調査では、2015年には地方圏から三大都市圏に54.0万人が移動し、三大都市圏から地方圏に43.1万人が移動した。その差10.9万人が主に東京圏への転入超過となった。その後も歯止めがかかることはなく、2018年には13.8万人の転入超過となり、東京一極集中対策が講じられても超過数は拡大しており、年間10万人台の増加が趨勢であった。長期でみれば、東京圏と地方圏の人口移動は高度経済成長期のピーク時からは若年世代の数が減少したことにより減っている。東京圏の転入の9割が10代後半から20代で進学と就職による転入であり、とくに20〜24歳が全体の55%を占め、転入数としても2010年代は一貫して増加傾向である。大卒者であれば、大学は他地域であっても、就職で東京に移るケースが増えていることがうかが

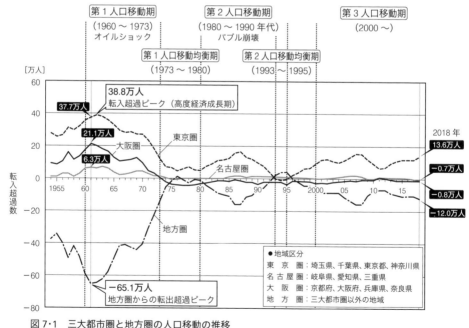

図7・1　三大都市圏と地方圏の人口移動の推移

元資料：総務省「住民基本台帳人口移動報告」（日本人移動者）に基づき作成
出典：内閣府「まち・ひと・しごと創生長期ビジョン」（令和元年改訂版）より加工作成

える。なお、大阪圏の人口移動は 1975 年あたりからほぼ変わらず、趨勢としては微減が続いている。

第二に、地方中枢都市（三大都市圏以外の政令指定都市）も全体でみると転入増加の傾向にある。三大都市圏と地方中枢都市との人口移動については、三大都市圏への転出超過であるが、地方中枢都市とそれ以外の地方圏との移動に着目すると地方中枢都市圏への転入超過となっている。国土計画のうえでも地方中枢都市の役割が重視されている。

国土交通省「国土審議会計画推進部会　住み続けられる国土専門委員会」による「2017 年とりまとめ」では、生活に伴う移動範囲によって中小都市の人口減少の違いに注目している[注6]。中小都市の人口減少の差異については、谷口（2016）によれば、地方中枢都市までの時間距離が 2 時間未満と 2 時間以上で人口減少や経済・文化機能の衰退に差がみられる。とくに休日の買い物行動に差があり、地方中枢都市から 2 時間未満に位置する自治体の住民は地方中枢都市で買い物をし、2 時間以上を要する自治体の住民は圏域内で買い物する傾向にある。その結果、地方中枢都市から 2 時間未満の地域は人口減少はゆるやかだが、経済・文化機能が空洞化する傾向にある。逆に 2 時間以上の地域は人口減少の割合が高くなる。具体的には、前者は岡山県津山市、後者は山形県鶴岡市・酒田市でその特徴がみられる。

つまり、同じ人口規模の地方都市であっても、地方中枢都市へのアクセスのしやすさによって人口動態や経済・文化機能の空洞化の様相が異なってくることに留意しなければならない。地方圏の維持を考えるうえで地方中枢都市へのアクセスが重要な要素となっている。その距離の差を埋めるためのデジタルの活用が現在の国土形成計画でも想定されつつある。

そして、第三に注目したいのが、地方や農村への人口の還流である。実際、2010 年代以降、田園回帰や移住が注目されるようになっている。2015 年閣議決定の「第二次国土形成計画」では、国民の価値観の変化として「田園回帰」が政策用語として大きく据えられた。「田園回帰」が分散型社会を実現させていくことは疑い得ない。しかしながら、その分散の捉え方は多層的で一様ではない。人口減少下の地域政策に関わる主要な論点で、地方中枢都市に

表 7·1　地方圏の地域区分と三大都市圏からの転入人口率（2015 年）

地方圏の地域区分	三大都市圏からの転入人口率	
(1)地方中枢都市（70 万人以上）	0.89%	
(2)地方中枢都市以外の地方圏（70 万人未満）	地方中枢都市からの時間距離が	
	2 時間未満	2 時間以上
① 20 万人以上	0.79%	0.81%
②中小都市（1 万人以上 20 万人未満）	0.63%	0.58%
③農山漁村（1 万人未満）	0.53%	0.64%

元資料：総務省「住民基本台帳人口移動報告」（2015）、「国勢調査」（2015）
出典：国土交通省国土審議会 住み続けられる国土専門委員会「住み続けられる国土専門委員会審議報告 2017 年とりまとめ」
　　　表 2-1-1

人口を分散させるか、農山村に分散させるかで識者や研究者間の見解は分かれる。地方中枢都市を「人口のダム」と捉えて資本を集中的に投下しようとする立場と、それに対して、農山村の切り捨てにならないよう低密度集住をはかりながら地域を維持していこうとする立場がある。後者は近年の田園回帰の動きに着目し、農山村の持続性を重視しており、それは農業の担い手や食料の安定供給、気候変動問題などにもつながり、生活を支える主体の議論につながる。最近の国土形成計画では「地域生活圏」の概念が主要テーマに据えられて議論されている[注7]。

　では、実際に田園回帰はどれくらいみられるのか。これを測るのは全国自治体の住民基本台帳レベルの転出入のビックデータをつぶさに追わなければならない。たとえば「住み続けられる国土専門委員会」で出された 2015 年のデータでは、三大都市圏から「人口 1 万人未満の農山漁村」への人口流入に着目すると年間 1.3 万人であった[注8]。ただし、転入が目立つ自治体とそうでない自治体にはいくつかの違いがあり、その一つに先に挙げたように地方中枢都市からの距離に関係していることが指摘される。たとえば、地方中枢都市から 2 時間以上かかる場合、中小都市（人口 1〜20 万人）の転入率は 0.58%で農山漁村（1 万人未満）の 0.64%のほうが転入率は高い結果となっている。地方中枢都市から 2 時間以上の農山漁村への移住も少なからずあり、都市から離れた条件不利地域への移住が一定程度あることが分かる。しかし、実際の

人の動きを捉えるには平成の市町村合併で広域化した現在の市町村レベルの区域では大きすぎる。本来は中心市街地の居住か中山間地域の居住かまでみていくことに意味がある。これは市町村でデータを主体的に収集していくことが求められる。実際、市町村合併前の旧市町村レベルの地域単位での人口動向に着目すると田園回帰のうねりがみえてくる[注9]。

（2）定住増加地域の特徴

このように田園回帰については量的には掴みづらく、また数が少ないうえ、転入数が転出数に相殺され、統計上、明らかになりにくい部分がある。そこで、地方圏で転入超過している自治体がどれほどあるのかを具体的にみてみたい。国土審議会計画推進部会「住み続けられる国土専門委員会」では住民基本台帳をもとに田園回帰の動きを仔細に探った。ただ、量的にそれを可視化して捉えるのは難しい。会議ではさまざまなデータが示されたが、分かりやすいのは転入増加の自治体の数や趨勢をみるという方法であった。表7・2は2012年から2017年までの6年間で三大都市圏から各地域にどれだけ転入、転出があったのか、その差を転入超過とみて毎年の動きをカウントしている。6年のうち4回以上の転入超過があった市町村を列挙したものである。なお、転入超過回数が0回だったのは752市町村、1回は244市町村、2回は115市町村、3回は64市町村、4回は49市町村、5回は22市町村、6回は15市町村であった。

全国的に定住増加は広がりつつあるが、市町村名をみると北海道や中国地方、鹿児島県や沖縄県の離島が目立ち、山間部も少なくない。定住政策に力を入れてきた自治体やIT人材の誘致を進めてきた自治体があがっているのが興味深い。たとえば、島根県では定住政策と共に産業振興を掛け合わせて独自の仕事づくりを支援している自治体、邑南町と海士町があがっている。転入増加が相次いだ島根県の4市町村は、松江や出雲から離れた石見地方や隠岐地方であり、島根のなかでも人口減少と超高齢化が先鋭的に進んできた地域である。また、広く知られるようになった徳島県神山町は「創造的過疎」を標榜し、IT系などクリエイター人材が集まる地域となった。同美波町はサ

表7·2　三大都市圏からの転入超過が6年のうち4年以上みられた市町村（2012 ～ 2017年）

地方区分	都道府県名	市町村名
北海道	北海道	芦別町　奥尻町　倶知安町　長沼町　東川町　安平町　浦河町　えりも町　上士幌町　新得町　浜中町　弟子屈町　別海町
東北圏	岩手県	陸前高田市　住田町
	宮城県	角田市　女川町
	新潟県	湯沢町
首都圏	茨城県	守谷市　つくばみらい市
	栃木県	高根沢町　那須町
	山梨県	北杜市　早川町　道志町　山中湖村
北陸圏	富山県	朝日町
	石川県	輪島市
中部圏	長野県	茅野市　佐久市　軽井沢町　御代田町　原村　売木村　白馬村　小谷村　野沢温泉村　信濃町
	静岡県	熱海市　伊東市　東伊豆町　南伊豆町
近畿圏	滋賀県	草津市　守山市
中国圏	鳥取県	大山町
	島根県	邑南町　津和野町　海士町　隠岐の島町
	岡山県	瀬戸内町　吉備中央町
	広島県	江田島市　大崎上島町
	山口県	防府市　周防大島町
四国圏	徳島県	神山町　美波町
	香川県	直島町　琴平町
	高知県	東洋町
九州圏	福岡県	福津市　芦屋町
	佐賀県	上峰町
	熊本県	阿蘇市　南阿蘇村
	大分県	竹田市　豊後高田市　杵築市
	鹿児島県	湧水町　中種子町　南種子町　屋久島町　瀬戸内町　喜界町　与論町
沖縄圏	沖縄県	石垣市　宮古島市　南城市　今帰仁村　本部町　恩納村　読谷村　北谷町　与那原町　久米島町　竹富町

注1：総務省「住民基本台帳人口移動報告」2012 ～ 2017年のデータを再編加工。
注2：三大都市圏からの移動をみている。
　　　転入超過回数が4回は49市町村、5回は22市町村、6回は15市町村。
　　　6年連続で転入超過した市町村には下線を引いている。
出典：国土交通省計画推進部会　住み続けられる国土専門委員会「2019年とりまとめ～新たなコミュニティの創造を通じた新しい内発的発展が支える地域づくり～」より作成

ーフィンのメッカであり、ワーク・ライフ・バランスの充実を求めて移住する若い世代も少なくない。個人のワークスタイル、ライフスタイルに合わせて地域が選択される時代になりつつあることに気づかされる。人口の社会増がみられるのは、独自のアイデアで定住政策と産業振興を同時並行で進めてきた自治体であることを強調しておきたい。

このような島根県や徳島県に代表される定住や田園回帰の動きは、2015年以降の地方創生に関する政策の施行前からみられた。いずれも単に定住者を増やすという視点ではなく、起業・開業や地域資源を活用した仕事づくりやサテライトオフィスの整備など、産業振興とワークスタイルやライフデザインなど定住者のニーズを掛け合わせた取り組みが功を奏した。ワーク・ライフ・バランスを求めての移住・定住が最近の田園回帰の特徴といえる。

また、人の移動だけでなく、職業別に従業者の増減をみたものからも変化が読み取れる。「住み続けられる国土専門委員会」では、大都市圏や中心都市でない人口規模の小さな市町村において、ソフトウエア業、デザイン業、建設設計業、写真業、専門料理店、教養・技能教授業を新たな業種の創造的人材と定義し、大都市圏の中心都市でない人口3万人未満の市町村を対象に、「経済センサス基礎調査」の2009年、2014年の従業者数で5人以上増加している業種が2種以上の市町村を抽出した[注10]。これをみると、若い世代のソーシャルビジネスやまちづくり活動が盛んな島根県江津市、邑南町はじめ、東日本大震災の被災地である岩手県大槌町、陸前高田市などでも新たな業種の就業者が増加していることがわかる。もちろん絶対数でみれば、大都市圏、地方圏の中心都市の数より少ない。だが、中心都市から離れた条件不利地域での新たな職種の就業者の増加は、近年の人の動きを象徴しているといえよう。

新設の情報通信業の事業所において従業者数が伸びた地域に着目すると、田園回帰の動きがさらにみてとれる。人口3万人未満で新設の情報通信業で従業者数が増加した上位10市町村には、徳島県神山町はじめ、同美波町、岡山県美作市、長野県木曽町、福島県西会津町、岩手県大槌町など、IT産業のサテライトオフィス誘致で成果をあげ、若い世代の移住が盛んな地域が並ん

でいる。定住増加自治体と、サテライトオフィスの立地が盛んな地域と重なり、サテライトオフィスが定住や新たな仕事を創出する受け皿となっていることがうかがえる。コロナ禍前からみられたこのような動きが現在はさらに進展している。

3 分散型社会と働き方の変化

(1) サテライトオフィスの増加と分散政策

　リモートワークの浸透により、人が集まって仕事をする意味が変わり、オンラインのコミュニケーションが増えるにつれ対面のコミュニケーションの意味さえも変わりつつある。また、時間や場所、組織にとらわれない働き方が増えるということは、新しいタイプの起業、自営的就労やフリーランス、副業や兼業、ギグワークなどが広がりを持つことを意味し、働き方も多様化している。移住に関心を持つ人びとは自然環境に身を置くことを希求しつつ、人材が集まるところやコミュニティが面白そうなところに引き寄せられる傾向を持つ。そうしたフラットな創発の場を形成しているのがサテライトオフィスであろう。

　これまでも移住・定住対策と共にまちづくりを進めてきた地域の取り組みからは、やってくる人や企業、サテライトオフィスを通して、地域の受け入れ側が行動変容していくさまがうかがえる。そうした相互のダイナミクスを生む地域がいくつかみられるようになってきた。それがひいては、個人レベルで持続可能な働き方を進めていく一方で、地域と関わりを持つことにもつながる。たとえば、地方にサテライトオフィスを設置しているベンチャー企業などでは、リモートワークや自己裁量による労働時間管理を導入しているところが多い。地域の持続可能性について、個人レベルの持続可能な働き方やライフデザイン、帰属意識の変化から発想していく必要性も高まっている。

　総務省の調べによると、2020 年度の全国のサテライトオフィス開設数は916 カ所であった。2015 年度には 232 件、2019 年度は 710 件であり、ここ数

年で急速に自治体による整備が進んでいる。2022年度末時点で、都道府県別のサテライトオフィスの設置状況をみると、北海道が86件と最も多く、次いで徳島県77件、新潟県57件、宮城県52件、長野県51件、島根県50件となっており、整備が進んでいる[注11]。実際にいずれもサテライトオフィスの開設による事業所や個人事業の誘致に力を入れている自治体である。開設企業の業種は71％が情報サービス業となっている。

徳島県では神山町のサテライトオフィス設置の活性化を成功事例として県全体に広げていこうとしている。サテライトオフィスはかつて工場だった場所や小学校や中学校の廃校など遊休施設をリノベーションし活用するケースが多い。和歌山県白浜町のように企業の保養施設をリノベーションし、ワーケーションを積極的にPRし、新しいかたちで企業誘致を進める例など、最近では新しい働き方を実現する場としても定着し始めている。

島根県松江市では2000年代からITによる産業振興に県と共に力を入れ、現在ではIT関連の企業40社がサテライトオフィスを開設しているが、最近では市が滞在型テレワークプログラムを実施し、ワーキングヘルスケアプログラムを織り込んだ独自の滞在プログラムを展開している。産業振興と共に、自然の中で心身の健康を増進する機会を提供している。

このようにサテライトオフィス設置の動きは、リモートワークによるワーケーションや地域との交流、さらには独自プログラムの展開など広がりをみせつつある。雇用機会の創出、廃校や空き家などの遊休施設の活用などのほか、地元企業との連携による新たなビジネスの創出、住民らとの交流など地域への波及効果が期待され、行政はこれまでの企業誘致よりも軽やかに進めている。その一方でサテライトオフィスを開設しても継続できず閉所された数も年々増えつつある。背景には早期撤退企業が多いことや、企業が求める地元人材が不足しており定着しないなどの課題もある。

コロナ禍を経てサテライトオフィス設置だけでなく、企業の地方移転もみられるようになってきた。東京からのオフィスの移動や企業のリモートワーク推進が目立つが、生産拠点を移す動きもみられ、それを起点に新たなまちづくりを展開している地域もある。まちづくりに力を入れ、定住者を増やし

てきた北海道ニセコ町では、地域風土やブランド価値に適したお茶製造や蒸溜所の拠点が本州からいくつか移転している。古い建造物をリノベーションした交流拠点なども町が整備し、コロナ禍後も新たなまちづくりを展開している。まちづくり会社を官民共同で立ち上げるなど、再生エネルギーの供給や住宅不足の解消に取り組み、地域経済循環を高める動きがなされている[注12]。

　また、県全体で新たな価値観や潮流を積極的に取り入れ、分散型の地域の維持に取り組む動きも出てきた。兵庫県は 2021 年度に「兵庫県将来構想試案」、2022 年度に「新全県ビジョン」を策定し、分散型社会を県のビジョンの中軸に据えたことが注目される[注13]。兵庫県は転出人口が全国で最も大きい県である。そうしたなかで分散型社会へのシフトが社会的な潮流としてどのように起きつつあるのか、経済構造や社会構造の変化、行動変容や価値観の変容に着目すると同時に、過疎地の維持のコスト等を多面的に分析した。新ビジョン策定に当たって、地域圏域ごとに地域デザイン会議を開催し、住民の意見を踏まえながら策定されたのが特徴である。とくに若い世代の新しい働き方についての価値観やライフスタイル、ローカル志向に光を当て、個人の取り組みを地域に波及させ、持続可能な地域社会を築く取り組みを政策として後押ししている。

　このように近年、地域政策のなかにおいて移住・定住政策の領域が広がりを持ち、働き方の変化やライフスタイルから社会経済の変容を受け止め、地域の資源とすり合わせながら地域の魅力を引き出す取り組みが増えている。

(2) ライフシフトと自営的就労の兆候

　コロナ禍を経て企業の本社移転やリモートワークなどが進み、個人の働き方やライフスタイルを模索するなかで、分散型社会に向けて変容がみられるようになってきた。

　実際、コロナ禍で仕事に対する意識も大きく変化し、ワーク・ライフ・バランスや生活重視の傾向は高まっている。内閣府が 2020 年 5 月と 12 月に「生活意識・行動の変化に関する調査」と題した国民の意識調査を実施した[注14]。

興味深いのは、始めての緊急事態宣言下にあった 5 月調査で「仕事と生活の
どちらを重視したいか、意識に変化はあったか」との問いに対して、実に
50％以上が「生活重視に変化」したと答えたことだ。テレワーク経験者や若
者ほどその傾向が高くなっている。20 歳代では 61％、30 歳代では 56％が「生
活重視に変化」と回答した。対して「仕事重視に変化」はたった 5％にすぎ
なかった。5 月調査と 12 月調査を比較すると、「生活重視」の比率は全体と
してやや下がったが、他方で地方移住への関心は高くなっている。ワーク・
ライフ・バランスが調整しやすくなり、地方移住に向けて情報の収集や行動
の変容が起きつつあると読み取れる。
　東京 23 区在住の 20 歳代で地方移住志向が最もみられる。2020 年 12 月調査
で「強い関心がある」としたのは 8.7％、「関心がある」「やや関心がある」
と合わせると 47.1％にのぼる。コロナ禍前の 2019 年の調査と比べると 10％
上昇した。
　コロナ禍前、地方に転入し、移住した人びとの特性もアンケートから明ら
かになりつつある。国土交通省「平成 27 年度 過疎地域の条件不利地域にお
ける集落の現況把握調査」によると、調査時までの過去 5 年間に条件不利地
域の約 4 割の集落に転入者があった。転入者の世帯類型は、約 4 割が子連れ
世帯、夫婦のみ世帯が約 3 割となっていて家族連れの移住が大半である。転
入時の年齢は 30 代が 32.5％、40 代が 18.8％であり、30 代と 40 代で半数を
占めている。さらに、UIJ ターン別では「I ターン」(81.9%) が最も多く、「U
ターン」(10.7%) を大きく上回ってきていることも現代の移住の特徴である。
　転入のきっかけは「新たなライフスタイルを希望」(30.4%) が最も多く、
移住先での新しい仕事や生活を築いていくことを目的とした移住像が浮き彫
りになっている。図 7・2 は転入後の職業を聞いたものである。最も多いのが
「サービス業に従事（自営業：農家民泊、カフェ、IT 起業など）」(28.1%)、次いで
「農林水産業に従事」(26.4%)、3 番目に「サービス業に従事（会社や団体等に勤
務）」、次いで「公務員（地域おこし協力隊、役場職員）」となっている。雇われる
よりも自営的就労の選択が目立つのも、最近の移住の特徴の一つといえる。
　以上、これまでの調査結果から浮かび上がるのは、田園回帰の中心は 20 代

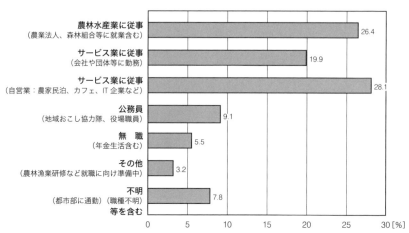

図7・2　過疎地域の集落に移住した人びとの転入後の職業

注：対象は過疎地域の集落に移住した602人

出典：国土交通省「平成27年度　過疎地域の条件不利地域における集落の現況把握調査」より作成

の単身者、30代、40代の夫婦や子育て世帯で、キャリアチェンジをし、転入地での新たなライフスタイルを希望し、雇われない自営的就労を目指す人びとの姿である。移住希望者は理想とするライフスタイルやワークスタイルを実現できる地域を自ら選んでいる。このように地域に定着する人材は、人口減少に伴う社会的機能の衰退を受け止めながらも、行政のような公的ミッションを掲げるのではなく、個人個人、自身の柔軟なスタイルでそれぞれの課題に向き合おうとする姿勢が特徴的で、パーソナリティにもゆるやかさや遊び心が感じられる。没個性的な組織の一員としてではなく、顔の見える存在として地域で自分の仕事をつくっていくことに価値を置いているかのようであり、地域での取り組みとともに関係性や経験を築いていくプロセスそのものが価値を帯びてきている。背景には、暮らし、ライフスタイルに重点を置いた生き方、それと連動した働き方として「個」の仕事の確立があげられよう。雇われない働き方、自営業や個人事業主、フリーランスなどのかたちをとっていることが少なくない。

　地域の持続可能性について、個人レベルの持続可能な働き方から発想していく必要性が高まっている。地域政策は個人のキャリアデザインや生活設計

とかけ離れている領域のようにみえるが、移住・定住政策が地域政策の主要施策になるにつれ、個人の生活領域に踏み出しつつある。最近の地域政策は実効性や評価がつきものだが、短期的な視点や数値化では評価しえない理念やコンセプトが求められる。政策や地域の取り組みを個性化していくことが分散型社会を多様なものにしていくだろう。

4　地域の受け皿としての空き家活用―いんしゅう鹿野まちづくり協議会―

（1）空き家を地域資源に

　人口減少や地域の機能が衰退するなかで、内発的に地域を維持していく取り組みは多様な方法があり、各地で実践知が蓄積されつつある。なかでも空き家の増加が問題となるなか、面として町並みを保全しながら、移住・定住者を受け入れる仕組みを整えていくことが地域を維持していくことにつながる。長期間の取り組みを通してみえてくるのは、古い建物をリノベーションして保全することにとどまらず、移住者や出店者が当事者としてまちに関わり、常にまちを手入れしていきながら多様な交流を生む流れをつくることである。手入れされた地域は景観だけでなく、風土や文化を継承、形成していくことにつながる。

　鳥取市鹿野町のNPO法人いんしゅう鹿野まちづくり協議会（以下、まちづくり協議会）は、20年以上にわたって移住・定住者を受け入れながら空き家活用の取り組みを重ねてきた注15。2001年から活動を始めたまちづくり協議会は2年間かけて20年先の鹿野のビジョンを考えるなかで、「四季薫るまち鹿野」「鹿野祭りの似合う和風の街なみ」を標榜し、地域資源である地域の空き家を使って回遊できるまちづくりを目指していくことになった。鹿野は鷲峰山を望み河内川が流れ、中山間地域といえども急峻な山間部の集落は少なく、居住地のほとんどは平地の中にある。鹿野城がまちのシンボルであり、掘割は見事な水辺と石積みで築かれ、春は桜が咲き誇り、城下町エリアは石畳の小路、花で彩られた水路、蓮池、木造の家屋や店舗、道端の行灯などが

一体となって豊かな生活空間を形成している。城下町エリアの店舗や統一さ
れた景観、赤い石州瓦が映えた町並みは、まちづくり協議会が空き家活用を
手がけることにより整えられてきた。移住者や住民が料理店やカフェを営み、
ゲストハウスとして再生した木造家屋も増えている。まちのあちらこちらに、
地域の資源や文化を伝える風車、菅笠、野の花が彩られ、歴史的に継承され
てきた町並みに彩りを添えている。手入れされているまちであることが歩く
と実感できる。

　鹿野町は1955年の昭和の合併で鹿野町、勝谷村、小鷲河村が合併してでき、
2004年11月の平成の大合併で9市町村が合併し鳥取市の一部となった。
2010年は人口4247人、1420世帯であったが、2020年には3570人、1452世
帯となり、世帯数は増加している。人口減少率は15.9％であるが、減少のス
ピードは空き家対策や移住・定住対策が功を奏して緩やかであり、近年は社
会動態でみればプラスの年も見受けられ、たとえば2019年度はプラス4人で

写真7・1　鹿野の街並み、手前の建物が「夢こみち」

あった。国土交通省の人口予測数値によれば、2020 年は 3401 人と予測されていたので、人口減少がかなりの程度抑えられていることが分かる。

　鹿野では年々、空き家が増加し、2010 年には 92 カ所、2020 年には 173 カ所、2030 年には 248 カ所まで増えることが予測されている。まちづくり協議会が手がけている空き家はそのうちの一部である。2022 年 10 月時点でまちづくり協議会は約 40 件の空き家を管理している。主にサブリース方式で、空き家所有者からまちづくり協議会が借り、それを利用者に貸す仕組みで住居や店舗として使用されている。うち 7 件はまちづくり協議会の直営でレストランやゲストハウスとして運営・管理している。交流人口が増えることにより、ゲストハウスの数も今では 3 件に増えた。空き家は放置しておくと劣化し景観上の問題も発生し、解体となると費用も多大になる。利用希望者に貸すことにより建物は維持され、新たな交流の起点となっていく。まちづくり協議会では空き家の仕事の第一歩は片づけから始まるといい、これが一番たいへんな作業という。鳥取市の支援事業や各種財団の補助事業を活用しながら片づけや身の丈に応じたリノベーションに取り組んで、空き家を再生させてきた。

(2) 時間をかけてつないでいく

　まちづくり協議会が仲介することにより、通常の不動産賃貸と異なり、所有者と利用者にとって柔軟なかたちが築かれているのがポイントといえる。所有者の意見を時間をかけて何度も聞きハードルを下げ、双方が負担の少ないかたちが選択される。年に一度、帰省したい、仏壇や家財を置いておきたいなどの要望にも応える。また、片づけや建物の不具合は所有者の負担とならないよう雨漏りや漏水など最低限だけ責任を持ってもらい、あとはセルフリノベーションで建築を学ぶ大学生なども協力して、活かせる柱や床板なども再利用するなど費用をかけずにおこなっている。補助事業なども積極的に活用している。

　まちづくり協議会は所有者の思いを受け止め、利用希望者につなぐが、簡単には利用希望者を決めない。希望者に対して、まず鹿野の地で何をしたい

のか、家族構成や仕事、家の条件などをじっくりヒアリングし、2回目以降も
ほかに適した地はないのかを考えてもらい、その後に希望に見合った家を何
カ所か案内する。その後も店舗利用の場合は鹿野での開業のたいへんさを伝
えるなど、地域と所有者、利用者とを時間をかけてつなぎ、地域に入っても
らう橋渡しをする。

　空き家は住居に使用される場合が多いが、建築的に価値の高い建物はゲス
トハウスや食事処として活用されている。所有者と時間をかけてまちづくり
協議会と信頼関係を築き、建築や造園の専門家と協力し、建物の維持と活用
方法を検討していく。現在、まちづくり協議会が入る「しかの心」は鹿野城
壁公園の前にあり、1930年代に養蚕農家の施設として建てられたもので、そ
の後、女学校と青年学校、高校の分校、公民館、保育所、縫製工場と姿を変
え、現在は協議会の事務所、カフェ、貸しホールなどに使われており交流拠
点となっている。また、食事処「夢こみち」では地域の女性たちによる「す
げ笠御前」が鹿野の名物として定着した。さらに、2018年には国の登録有形
文化財を活用して「しかの宿 本田中家」をゲストハウスとしてオープンさせ
ている。大学生らが解体やリノベーションの設計、駐車場整備などをおこな
うなど、若者を巻き込んだ動きを作っているのが特徴である。もう一つの国
の登録有形文化財は鹿野で最も古い建物であり、造園や建築を専門とする
方々が居住しながら庭の再生を手がけ、2019年には「創作味処 そろそろ」
を開業している。営むのは東日本大震災で被災し宮城でかつて割烹を開いて
いた方であり、現在では鹿野の名店となっている。

　こうした空き家活用の取り組みと合わせて、多様なイベントによる交流事
業が展開されていることも特徴である。廃校となった小学校をリノベーショ
ンした「鳥の劇場」は秋に演劇祭を催し、国内外から多くの演劇関係者が集
まる。それに合わせて「週末だけのまちのみせ」が開かれ60件以上の出店
がある。このイベントをきっかけに開業につながるケースもありインキュベ
ーションの役割を果たしている。また、中山間地域の河内地区では耕作放棄
地を果樹園として再生させ、大学生が積極的に企画に携わる「果樹の里山ま
つり」も開かれる。毎月第3土曜には誰でもオープンに参加できる定例会な

ども開かれ、鹿野に出入りする人びとが増えている。事務局長の小林清氏は
「フラットな関係」を築く場づくりに力を入れていると話すように、外から来
た者に対してそれぞれのかたちで関われる「隙」が用意されている。空き家
活用をつうじて鹿野の街並みや風土、文化を継承していくと共に、まち自体
が交流の場としてのプラットフォームとなっている。住民発で始まったまち
づくりは20年の取り組みを経て、移住者や若者、大学生らが共に鹿野のまち
づくりに関わる土壌を醸成させている。

5　分散型社会と地域の受け皿

　近年、自治体の定住政策は「関係人口」を重視し、移住・定住者が主体と
なる内発的発展のあり方を支援することが目指されている。人口減少時代、
地域を維持していくために地域と関わりを持ち続ける「関係人口」は定住未
満、観光以上の位置づけで自治体にとっても誘致の新たなターゲット層とな
りつつある。他方で、「関係人口」に焦点が当たりすぎると、外部人材が必要
以上にもてはやされる懸念もあり、なにかしら地域社会に貢献しないといけ
ないという義務感を生むことになったり、地元に居続ける人や生活重視で定
住した人が逆に虚無感を感じることになったりしてはいけない。地域住民の
内発的な営み自体がかすむのではないか。外から地域に関わる人を増やして
いこうとするだけでは、人がコミュニティに関わる本質がみえてこない。政
策ツールとして自治体が移植しやすい概念であるからこそ、丁寧に地域の取
り組みを拾い上げてみていく必要がある。関係人口は人口減少時代の地域政
策、地方創生のキーワードになりつつあるが、単に移住の仕組みを整えると
いう視点ではなく、むしろ地域側が関わりしろの「隙」を作り、双方が混じ
り合う場を築いていく余裕が新たな展開を生み出していく[注16]。
　鳥取市鹿野町は空き家再生のまちづくりをつうじて、オープンなネットワ
ークをゆるやかに保っているが、そこには関わりしろの「隙」が豊かに内在
している。その「隙」が個人とまちを創発的に結びつけ、関係性構築のプロ

セスのなかで新たな展開が生まれている。空き家そのものが「隙」を象徴しており、結果として空き家活用や移住などを通じて地域課題が一つずつ解決され、それが新たな関係性を生み出す土台となっている。

　コロナ禍を機に、リモートワークを推進すべくサテライトオフィスを設置し定住人口や関係人口を増やすという視点が先立つが、それだけでは真の分散型社会は実現しない。地域の魅力、まちへの共感や隙を開いていくプロセスが人を惹きつけることを教えてくれる。田園回帰が注目されだした数年前から、ワーク・ライフ・バランスを意識した移住はみられたが、自然環境が豊かで生活しやすい場所という理由のみで選択されるより、地域での取り組みやまちづくりに共感し、その地に引きつけられる傾向が高まっていた。そうして新たな生態系によって興味深いコミュニティが築かれてきた地域が全国でいくつも出始めていた。

　コロナ禍を経て、個人や企業がサテライトオフィスをベースに地方移転を選択するようになり、地域社会は新たなフェイズを迎えつつある。企業にとってもサテライトオフィスがあれば移転もハードルが低く、地域にとっても廃校など遊休資産を利用し建設投資が抑えられることからメリットが多く、双方に win-win の関係が築かれやすい。また、行政が環境を整備しても、その後の展開は民間や住民主体の NPO などに委ね、協業していくなど、双方の関わりや創発性が欠かせない。企業誘致や産業誘致に傾斜してきたこれまでの地域開発とは異なるかたちでの分散型社会のあり方を示唆している。一過性ではなく持続可能なものとしていくためにも、地域主体で関係性を丁寧に築いていく地道な活動が受け皿になっていくことが求められる。

◆注

1　東京圏への人口の転出入は、2019 年まで転入超過が拡大傾向にあったが、2020 年は感染症の影響により、東京圏の転入超過数は大きく減少した。東京都では 2020 年 7 月から 2021 年 2 月まで 8 カ月間連続で転出超過が続いた。総務省「住民基本台帳報告」より。

2　都市化と行き過ぎた脳化社会、現代の参勤交代といえる分散型社会については、養老（2019）のほか、養老・山極（2020）、養老・隈（2022）など対談の主要テーマとして

取り上げられている。
3 養老・隈（2022）pp.247-248。
　　養老「都市の持っている力に対抗するためには、やはり参勤交代によって、自然の多
　　　　い場所で一定期間過ごすことが重要だと思います。」
　　隈　「その通りです。都市から地方に出ていき、もっと自然に触れ合った生活を送る。
　　　　そのために、うちの事務所も参勤交代を始めましたし、コロナをきっかけに地
　　　　方移住に踏み切ったという話もたくさん聞きます。一極集中の箱としての都
　　　　市ではなく、地方に点在した自然と共存できる都市。そんなところで暮らすの
　　　　がこれからの人の生き方だし、都市の進んでいくべき方向だと思いますね。今
　　　　の都市と建築が持っている慣性力はとても強いですが、少しずつ変わってくる
　　　　んじゃないでしょうか。」
　　養老「コロナが終息した後は、巨大都市で人間相手に仕事をするより、地方で物や自
　　　　然を相手にする仕事が再評価されていくと思いますよ。そして、隈さんの言う
　　　　自然と共存できる都市で、農業や水産業などの一次産業従事者、職人、さらに
　　　　は田舎暮らしをする人たちがもっと増えていけばいいなと考えています。」
4 以下では、国土交通省「国土審議会計画推進部会　住み続けられる国土専門委員会」
　（座長 小田切徳美 明治大学教授）の 2017 ～ 2019 年度で提示されたデータに基づいて
　いる。いずれも住民基本台帳による人口移動のデータをベースとしている。委員会
　には筆者も委員として参加した。
5 東京都の転入超過数は 2019 年は 82,982 人だったが、コロナ禍で 2020 年は 31,125 人
　に減少した。近隣の千葉県では転入超過数が逆に増加し、神奈川県や埼玉県はほぼ横
　ばいであった。
6 国土交通省国土審議会 住み続けられる国土専門委員会「住み続けられる国土専門委員
　会審議報告 2017 年とりまとめ」を参照。
7 国土交通省国土審議会計画部会「国土形成計画（全国計画）中間とりまとめ」2022 年
　7 月。
8 前掲「住み続けられる国土専門委員会 2017 年とりまとめ」参照。
9 藤山（2015）では集落単位の人口増減に着目し、細かく地域の経済構造や生活構造を
　診断し、条件不利地域とされる「田舎の田舎」で人口増加しているケースに着目して
　いる。
10 前掲「住み続けられる国土専門委員会 2017 年とりまとめ」参照。移住者の職業に着
　目し「創造的人材」が増加した地域と、新設の情報通信業の事業所の従業者数が伸び
　た地域を日本地図にプロットしている。
11 総務省「地方公共団体が誘致又は関与したサテライトオフィスの開設状況調査結果」
　（2021 年 10 月）を参照。
12 柏木（2020）を参照。2020 年、お茶や茶器雑貨等を輸入・製造する㈱ルピシアが東京
　からニセコに本社を移転すると発表した。数年前から、レストランや店舗、工場、菜

園等を整備し、「ルピシアの森」の建設を進めてきた。ニセコ町の価値に共感しながら進んできた事業化である。また、新潟県に本社を置く八海醸造㈱は、世界的に評価が高まるジャパニーズウィスキーに着目し、子会社㈱ニセコ蒸溜所を設立し、2021年からウィスキーやジンの製造・販売をおこなっている。地域にあるオーガニックワインや地ビールと相乗効果が期待されている。当時、ニセコ町参事であった柏木邦子氏によると、移住・定住政策を地道に進めてきたが、「日々の暮らしの中でよろこびを実感できるまち」を目指したことが人を呼び込む原因となったとしている。また、「ニセコ中央倉庫群」を拠点に仕事をする人も多くなったという。かつて農産物の集積場だった石造りの倉庫や旧でんぷん工場を、町が取得しリノベーションした交流拠点である。テレワーク室を設け、「ニセコスタイル」の働き方が提案されてきた。柏木氏は、この流れはとどまることはないとしながら、「町としてテレワーク施設を増設するつもりはない」という。すべて行政がお膳立てするのではなく、ニーズがあるなら、民間ベースで新サービスの提供を期待したいという。

13 兵庫県「新全県ビジョン」策定にかかる「新ビジョン企画委員会」には筆者も委員として参加した。

14 内閣府「新型コロナウイルス感染症の影響下における生活意識・行動の変化に関する調査」。インターネット調査、性別、年齢階級別均等割当、地域別に人口比例で割当。第1回5月25日〜6月5日実施、第2回12月11〜17日実施。

15 いんしゅう鹿野まちづくり協議会の活動について、2021年3月29日、2022年10月22〜23日に事務局長の小林清氏や向井健太朗氏、理事長の佐々木千代子氏らからお話をうかがった。2022年10月には大阪国際大学の久保由加里ゼミと共に松永ゼミの学生らも収穫祭のイベント「果樹の里山まつり」に関わらせていただいた。これまでの歩みなどいんしゅう鹿野まちづくり協議会編（2021）を参照。

16 田中（2021）は、地域再生とは何か、誰が何を目指すものなのかを問いなおすことで「関係人口」を位置づけなおし、過疎の問題点を当事者たちが我が事として受け入れ、行動変容していくさまを描き出している。過疎から地域衰退へ、主体形成の議論に着目し、社会関係資本の特徴と関係性のプロセス変化について分析しているが、合意として導かれるのが受け入れる地域側の「関わりしろ」の余裕を持つ大切さである。よそ者がどう地域と関係性を築きつつ、地域の課題にアプローチしていくのか、それぞれの地域変容のプロセスから立ち上がってくる群像がみえてくる。

第8章

持続可能な地域へのリデザイン

1 拠点開発の限界

(1) 地域開発の理論と現実

　これまで地方への分散、地域開発については、拠点開発のサイクルの理論が共有されてきた。産業基盤に公共投資を集中させ、社会インフラを整備することにより、都市部から地方へ工場誘致をはかる。その結果、外部経済が働き、関連産業が発展する。農村の都市化が進み、食生活や生活様式が変化していく。それに伴い、農業や漁業も機械化、大規模化が進んで生産性が上がり、近代化していく。これらのサイクルによって財政収入が増加し、公共投資、社会サービスの増大によって住民福祉が向上する。さらには、このように企業や人口が分散することによって大都市の過密と地方の過疎問題が解消されるとみなされてきた。ゆえに、地域の発展は拠点開発による産業基盤の公共投資から始まることから、長らくの間、企業誘致とインフラ整備が地域政策の重点課題とされてきたのであった。

　しかし、実際の地域開発の歴史は以下のようなサイクルを歩んだ。産業基盤への公共投資集中により、工場誘致に成功し、雇用の創出や関連産業への普及など経済的効果があった場合でも、製造拠点のグローバル化による産業の空洞化や需要の減少などにより、操業を永続させていくにも問題を孕んで

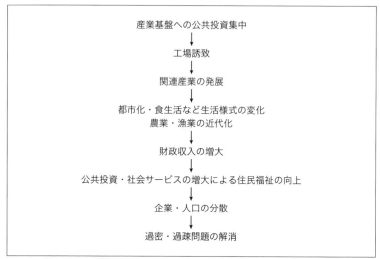

図 8・1　拠点開発の理論
出典：宮本（2020）を元に作成

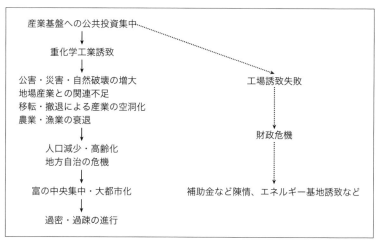

図 8・2　地域開発の歴史
出典：図 8・1 と同じ

　いる。進出企業が撤退した場合の地域経済や雇用の損失は大きなものである。重化学工業の場合は公害、災害、自然破壊が進行し、外部不経済の側面は今や無視できない。多くの地域で農業、漁業が衰退し、人口減少、高齢化が進み、財政悪化など地方自治の危機に直面している。富の中央への集中、大都

市化に拍車がかかり、東京一極集中と地方の過疎は両輪で進行していった。

　産業基盤を公共事業で整備したとしても、企業誘致が進まない地域も少なくない。立地・場所の問題から企業に選択されず、整備費用がかさみ財政を圧迫しているケースも多い。そうするとますます補助金行政に依存し、最近は地域政策のソフト事業も増えているが、そのつどの国・中央の地域政策に振り回され、中央依存型となり、内発的発展や分権型社会、地域の自立へのビジョンが描きづらくなっていく。

(2)「公」のコスト論

　人口の集中により都市化が進む裏で過疎化が進行してきた。進む高齢化、耕作放棄地の増加、手入れの届かない空き家、土地、森林などに象徴されるように農山村での産業活動は縮小し、生活を支える教育や医療、交通なども維持していくことが困難になっていった。

　図8・3は人口密度と住民1人当たりの行政コストの関係をみたものである。行政負担のインフラ維持費は人口密度と関係がみられる。1人当たり自治体予算は人口密度が低い地域ほど高くなる。自治体予算を歳出別にみると、道路、港湾、健康医療、消防、保安、教育などのインフラ費用は人口密度が高いほど低く抑えられ、密度が低いほどコスト高となる。人口密度と行政コスト、自治体規模とインフラ維持は相関がある。実際、自治体消滅論なども「公」負担を社会コストとみなすことによって成り立っている。

　では、歳出の内訳に着目してみたい。総務省『地方財政白書』令和2年版により、普通建設事業費が占める割合を自治体規模別に比較してみると、政令指定都市の普通建設事業費は11％なのに対し、人口10万人未満の小都市は14％、人口1万人未満の町村は19％となる。財政難とされる小規模自治体にとってはインフラ維持費にかかる費用が負担となっていることが分かる。インフラ整備や維持費は当然、集積の経済が働く。町村や人口規模の小さな自治体のインフラ整備や維持費は公共交通の維持も含め問題となっている。

　次に歳出のうち扶助費に着目してみると、歳出に占める扶助費の割合は、政令指定都市では26％、中核市は28％、人口10万人未満の小都市は19％と

人口規模が大きい都市部ほど生活保護などに代表される扶助費は高い。町村の扶助費は人口1万人以上で13%、1万人未満で7%とさらに低いが、町村の扶助費割合が低いのは生活保護等を都道府県が拠出しているからである。しかし、総じて扶助費は人口規模の小さい自治体ほど低く、都市部ほど高いことがうかがえる。

　つまり、歳出という「公」負担に着目すると、ハード面でのインフラ整備にかかる割合が大きいのは人口が少ない自治体である一方、社会包摂などにかかる扶助費は都市部ほど高いのが分かる。逆にいえば、密度が高いほどインフラ整備は抑えられるが、人口が多いほど社会包摂にかかる費用は高くなっている。そして、人口規模が小さな自治体、過疎地ほどインフラ整備は当然高いが、扶助はインフラ整備と比べさほど負担にはなっていない。扶助は

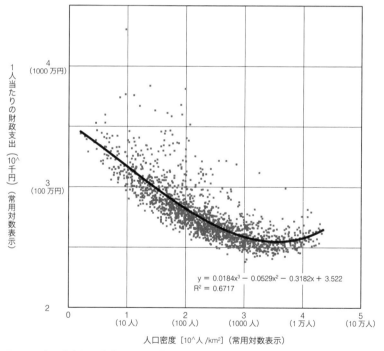

図8・3　人口密度と1人当たりの財務支出
注：総務省「市町村別状況調」（平成30年度）を元に兵庫県ビジョン課作成
出典：兵庫県「将来構想試案」関連資料、2021年より加工作成

ある程度、コミュニティが補っている部分があるからといえる。言い換えれば、互酬性は地方ほど「共」が支えており、都市部ほど互酬性は「公」が主に担っているとみることができる。

　図8・4で示した市町村をあげてみると、島根県海士町は人口1人当たりの自治体予算が259万円であり、東京都目黒区の7.6倍となっている。宮城県気仙沼市と比較すると2倍程度である。同じ島根県内の松江市の1人当たりの自治体予算と比べても5.5倍であり、都市圏と離島では大きな差がみてとれる。東京都でも23区と奥多摩町では1人当たりの自治体予算は開きがあるものの島根県ほどの差はない。

　海士町は隠岐諸島の一つであり、2000年代には財政破綻の危機を迎えたが、地域資源に付加価値を付けることで新たに産業振興に投資し、教育改革にも取り組んで都会出身の子どもを受け入れるなどして休校の危機にあった高校の生徒数を増やした。課題解決に向き合う移住者が増え、島から担い手が育ち、都会にはないコミュニティに触れることで若者を惹きつけている。財政だけをみると1人当たりの自治体予算は国内トップクラスであるが、他方でコストや経済価値で測れない豊かさを背景に地域の課題に向き合うコミュニティが創出されている。

　こうみると重要なのは、社会を支える3本の機能「市場」「政府」「コミュ

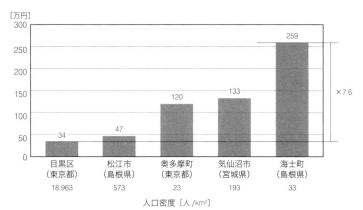

図8・4　1人当たりの自治体予算の例
出典：図8・3と同じ

ニティ」のバランスである。どこかで機能不全になると補うかたちで台頭する仕組みが重要で、そのためにはいずれかに過度に偏ることなくバランスが必要となる。『コミュニティ再生の経済学』について論じたラジャンは「社会が病むのは、3本の支柱（引用注：「市場」「国家」「コミュニティ」）のどれか一つが他に比べて過度に弱まったり強まったりした時だ。市場が弱くなりすぎれば社会の生産性は落ち、コミュニティが弱くなりすぎれば社会は縁故資本主義に傾き、国家が弱くなりすぎれば社会には恐怖と無関心が蔓延する。逆に市場が強くなりすぎれば社会は不公平になり、コミュニティが強くなりすぎれば社会は停滞し、国家が強くなりすぎれば社会は権威主義的になる。バランスが肝要なのだ」と述べている[注1]。

　いずれかに偏るのではなく、「市場の失敗」や「政府の失敗」をそれぞれの機能が分立しつつ補えるようなバランスが重要となる。地域でもコミュニティをベースにした「共」の仕組みが重要となっているのは、3本の支柱のうち「市場」と「国家」や行政が弱体化していることの裏返しともいえる。では、補完の原理はどのように働くのか。続いて「私」「公」「共」のバランスと補完の原理に着目したい。

2　「私」「公」「共」と「互酬性」をめぐる議論

(1) 補完の原理

　コミュニティ・ビジネスや社会的企業の発祥の地とされるイギリスでは、1980年代のサッチャー政権による「小さな政府」の政策のもと、経済政策の一環として社会的企業が雇用の場を創出するなど重要な役割を担ってきた。それに伴い、行政を補完する主体としても活動の場を広げていった。イギリスをはじめ欧米の社会的企業やコミュニティ・ビジネス推進の政策目的は、衰退地域と都市部の格差是正、社会的弱者の雇用機会の創出など、格差是正や貧困解消と関連づけられる。とくに、都市部では広く社会全体に関わる問題の解決を目指す社会包摂型の社会的企業やNPOが主流といえる。

第4章でイタリア・トリノの自動車産業の衰退と社会包摂型のコミュニティの台頭について取り上げたが、インナーシティで失業者の自立のために場所とテントを貸し出し、小さく商売を始め、資金を貯めて店を出すという仕組みを築いている。こうした社会包摂型の就労支援の取り組みが都市の産業衰退と共に重層的に現れてくると、市場軸や政府軸だけではないソーシャル・キャピタルが醸成されつつあるとみなすことができよう。都市では社会包摂型の主体やNPOが都市問題の担い手として存在感を高めている。とくに、就労支援は個人の人的投資という面がある一方で、地域企業への人材供給を担っており、地域持続のための社会的投資、社会的イノベーションの観点からも必要性が高まっている。

　社会的企業は、地域課題をはじめとする社会課題の解決をミッションとし、ビジネスをつうじてそれを解決しようとする。利益追求型ではない、課題解決重視型の経済主体といえる。ビジネスがうまく回りだせば、雇用や所得がもたらされ、それによって事業をさらに継続させる仕組みが徐々に形成されていく。地域経済の活性化にも密接な関係を持つ事業形態であることがわかる。

　社会的企業の事業内容は社会貢献とビジネスの中間に位置するとされ、「NPO化するビジネス」あるいは「ビジネス化するNPO」と呼ばれることもある。実際、組織形態は必ずしも株式会社ではなく、NPOや協同組合、一般社団法人のかたちを採っていることも多い。そして、事業の創始者である社会的企業は、現状打破の重要な主体として注目される。また、社会的企業は「政府の失敗」「市場の失敗」を補完する役割を担う場合もある。事業性と社会性を備えつつ、継続や普及のために社会的イノベーションを志向していく。

　それゆえ、社会的企業は市場経済よりコミュニティの枠組みのなかに置いて解釈できる。ジェレミー・リフキンは共有型経済の進展と共に、雇用や働き手も資本主義市場から「協働型コモンズ」に移行するとみているが、営利と非営利に分かれていた領域が所有概念の変化と共に近接、統合しつつあること、とくにミレニアル世代が両方の特性を兼ね備える新たなビジネスモデルを確立しつつあることに注目している。社会的企業は投資収益率よりもコ

ミュニティや協働、連帯、信頼の反映である社会関係資本を重視する。今後、資本主義国家を中心に協働型コモンズに根差したソーシャルエコノミーが資本主義市場を変え、社会的企業は増加するとしている。リフキンは社会的企業家のことを端的に「人間味ある起業家」と呼んでいる。社会的企業の存立の評価軸を市場のなかに置くのではなく、コミュニティやコモンなどの領域で評価し持続可能なかたちで存立するための仕組みが求められる。

　他方、農山村など地方では、人口減少と高齢化を要因とする深刻な地域問題を抱えてきた。それらはおおむね、社会構造、生活基盤、産業創出などに分けることができる。地域型の社会的企業は地域に密着した形で、これらの問題の解決を事業の軸とすることになる。

　社会的企業は活動の内容によって都市問題を中心とした「テーマ型」と地方の課題を克服しようとする「地域型」に大きく分けることができる。欧米ではネオリベラリズムの経済を補完するかたちで「テーマ型」が先行してきたが、一方で日本では「地域型」のNPOや社会的企業も存在感を示している。前章でみた鳥取市鹿野町の「いんしゅう鹿野まちづくり協議会」は地域型の一つといえる。過疎化により増える空き家を改修して活用し、外からの移住者とつなぎながらまちを維持してきた。

　地方の課題は進行する社会構造の変容に端を発し、生活基盤やインフラの縮小・衰退へと進行し、暮らしを維持することが困難になっていく。人口減少と高齢化によって耕作放棄地や空き家が増え、交通事業や買い物拠点の撤退など生活基盤へのアクセスが困難となり、暮らしを維持できない状態にまで至るところが増えてきている。住民は遠方に買い物に出たり病院を利用せざるをえなくなるため、交通費などの生活コストが上がる。

　重要なのは、活動を遂行するための継続性、持続性である。ボランティアと異なり、活動が問題解決に向かって完結していくわけではない。むしろ、地域で活動を持続させていくために、事業化、ビジネス化を志向していかなければならない。鹿野でもゲストハウスや食事処を整備し、耕作放棄地で果樹を栽培し加工販売しているが、それらが地域ビジネスとなり空き家活用の事業を支えている。それらを回転させながら、単一の地域の課題だけでなく、

主体	原理	性質	地域
「私」 企業・民間	交 換	競争、民営化、市場に任せる	都 市
「公」 行政・国家	分 配	有効需要、補助金、社会保障	↑↓
「共」 コミュニティ	互酬性	共有化、共同管理	地 方

図 8・5 「私」「公」「共」主体と原理
出典：筆者作成

複数に併存している問題にまで寄与するような活動に広げていくことが求められる。多くの場合、地域型の社会的企業は地域資源を活かしたビジネスによって一定の収益を生み出しながら、それを地域課題に継続的に投資していく。そこから仕事や雇用が発生することにより、産業が創出され生活基盤に関わる問題が緩和されていく。さらに進んで、収益を社会構造に関わる問題に投資することにより地域経済の循環が生まれる[注2]。この仕組みそのものを社会的イノベーションとみることができよう。

(2) 「共」と互酬性

資本主義の限界や変化に呼応し、「私」だけではない「公」や「共」、とくに顔の見える範囲の「共」が重視されるようになってきた。「私」「公」「共」がどのように機能してきたか、とくに「共」のコミュニティを支える互酬性の原理に注目したい。公益は社会や国家、広い範囲の利他と捉えられ、共益は地域社会、比較的顔の見える範囲の共助と分けられるだろう。しかし、歴史が教えるところは「私」を滅私奉公し、「公」や「共」を第一義とする価値観が行き過ぎると大きく見誤る。そのバランスに定式はなく、政治イデオロギーや時代性に左右されるところが大きい。

地域レベルでみると、地域に根ざした法人や社会的企業、NPOなどが地域経済の主要な担い手となりつつある。人口減少、高齢化、分断や格差を背景にした現代社会の課題に取り組む主体が存在感を増している。小さく経済を回しながら地域の社会関係資本を維持していく。事業性と社会性のバランスはどちらかに偏るというよりはグラデーションを持ったものといえる。とく

に、社会性の部分の機軸となるのが共助の原理で、その枠組みとしてあるのがコモンやコミュニティである。旧来のムラの共同体は経済成長の時代に後退したが、「共助」は普遍的なもので地域や社会に新たな性質を帯びながら顕現してきている。では、共助とはどのような原理に支えられているのか。

　一般に、共助は「見返りを期待しない関係」によって成り立っているともいえる。実際、人間関係や社会経済の諸相は、取引や交換を前提とする市場経済、資本主義の枠組みだけでは説明できない点が多い。子育てや家事などの再生産活動、仲間同士の助け合い、冠婚葬祭から日々の贈答まで、社会生活のかなりの部分は必ずしも見返りを期待しない贈与や相互扶助の行動で成り立っている。マルセル・モースやレヴィ・ストロースはこれを「互酬」と定義し、人間、家族、部族社会の関係性を捉えようとし、カール・ポランニーは「互酬」を現代の非国家的経済の特徴的な形態とみなした。

　マーシャル・サーリンズ（2012：原著1974）は人びとの認識や行動を形成させる力とはどのようなものかに着目し、人びとを動かす文化独自の力を説明しようとした。経済学が想定する「合理的経済人」の概念を批判し、経済システムがそれぞれの状況において個別の文化的手段により適用されることを明らかにした。その際、サーリンズは共同体を支える「互酬性」について独自の分類をし、「互酬性」を「一般的互酬性」「均衡的互酬性」「否定的互酬性」の三つに分類した。

　「一般的互酬性」とは、身近な人たちの間で交わされるおすそわけなど、「見返りを期待しないプレゼント」を指す。互いへの思いやりや気遣いが動機であり、返礼や対価を求めるようなことはない。次の「均衡的互酬性」は市場での取引に代表されるような、「相互が同じ値打ちだと納得して、ものを交換すること」である。市場では商品と等価の価値を持つ貨幣が交換される。損得が発生しない互酬といえる。それに対し「否定的互酬性」は、自分に利益があることを期待し、相手の利益を望まないというものである。

　サーリンズは、この三つの互酬性が地域社会の「範囲」と関係が深いことを示した。このことを理解するには、地域社会を表す円を思い描いてみると分かりやすい。まず中心に家族やコミュニティを置き、その同心円状に近隣

や職場のコミュニティ、その外側に広域の地域社会、さらにその外には日ごろの接触が薄い空間を置く。サーリンズは、この円の内側から外側に向かうにつれ、人びとの関係が希薄になり、一般的互酬性→均衡的互酬性→否定的互酬性と、互酬性の性質が異なっていくとした。つまり、互酬性と地域の範囲は密接であり、地域社会の範囲によって人間関係の質が大きく変わることを示している。

　サーリンズの議論にしたがえば、「一般的互酬性」とは、ごく親しい者同士の間でのみみられる愛他主義に基づく行為ということになる。しかし、鳥越(2008)は「一般的互酬性」は単なる愛他主義だけでは説明できないと説く[注3]。一般的互酬性は長期的にみると、利益が自分に返ってくるという計算があるかもしれないとして、「短期的愛他主義」(その場の愛他主義)と「長期的自己利益返還」(長期的にみれば結果的に自分にも利益が戻ってくる)がセットになったものと位置づけている。その場のおこないでは見返りを考えないが、いつかは自分のところに利益が戻ってくるという期待がある。

　こう考えると、地域内扶助のおこないなども「一般的互酬性」に基づく行動とみることができよう。かつて、筆者は島根県や広島県などの中国山地の中山間地域の集落、とくに旧村単位のコミュニティが過疎化が著しく進行するなかでどのように維持されているのかを調査した際、市場原理ではないこうした互酬性の原理があらゆる場面でみられた。市場の失敗や行政の失敗によりそれらの機能が後退すると共に、互酬性で説明できる領域が拡がりをみせていた。住民出資の会社が有機農業を営み農産物を加工・販売したり、廃校を利用して都市・農村交流を手がけたり、撤退したスーパーやガソリンスタンドを住民が出資して営む地域自治組織もあった。また、廃校を自主運営のスーパーに変え、宅配や送迎をおこなうところや、デイサービスなどの福祉事業やデマンドバスによる病院の送迎など高齢者福祉に関わる扶助事業をおこなうところもあった。同様のことは災害後の復旧・復興の過程でもみられ、東日本大震災後に設置された仮設商店街などは市場と互酬性が合わさった場がコミュニティとして機能していた。また、鉄道や路線バスが撤退した際、住民が地域のオンデマンド交通の担い手となるケースなど、各地域でみ

られるようになってきた。これを前近代的な共同体と捉えるのではなく、地域の経済は互酬性の原理が根底にあることを抜きに語ることはできず、人口減少局面でこのような互酬性が新たに現代のかたちに復活しつつあるとみることができる。

とはいえ、利他による活動はいくら見返りのない互酬性といっても、それだけでは持続可能とはなりえない。「いずれ自分もお世話になるかもしれないのだから」という「長期的自己利益返還」への期待が働くからこそ、活動に身を投じることができる。市場経済の取引や対価では見合わないので最終的には善意の互酬性に頼らざるをえない。比較的、狭い地域範囲で、世代を超えた助け合いの構造がみられるのは、こうした「一般的互酬性」に基づいた関係性が成り立っているからといえる。純粋な利他ではなく、いつかは自分もお世話になるという利己の期待があるからこそ共助は成り立つのではないか。だからこそ、活動を継続させることができるといえる。

しかし、長期的にみれば自己利益返還への期待が働くとしても、善意が属人的なものとなり持続性の観点からしても脆弱な側面を持つ。では、市場経済に乗ってサービス化することができない善意の互酬性はどのようにして持続可能となるのか。逆に市場社会や資本主義が行き過ぎると、あらゆるサービスが財との交換で成り立つことになり、こうした互酬性さえ生まれてくる可能性を閉ざしてしまう。

3　ポスト資本主義における地域経済のリデザイン

資本主義は同一性と増殖性の複雑な絡み合いで成り立っているシステムであり、あらゆるものが等価交換の原理で置き換えられながら増殖していく。商品化の背後にあるのが合理化や効率化、平準化で、生産から消費を通して生活のあらゆる場面に浸透している。これはモノにとどまらず、人の行動、情感や感覚の内部にも影響を及ぼしている。交換価値の同一性の原理があらゆる領域に拡がり、目にみえない心象にまで及んでいくのが資本主義の増殖

性の怖さでもある。人間生活のあらゆる場面に、生産から消費のサイクルだけではない領域にまで資本主義の特徴が行き渡り、そこが利潤の価値増殖の場として浸食されることによってさらにシステム化が進んでいく。

　本書でみてきたように、市場原理で説明できない互酬性が地域で再び見出されるのは、こうした資本主義システムから外れた動きであるといえる。大量生産システムからの転換、スモールビジネスや社会包摂のコミュニティの台頭、分散型社会や現代の移住など地域に向かう人びとの背景には非システムへの希求がみてとれる場面が少なくない。労働、生活の場面で資本主義が行き渡ることによる反動として捉えることもできる。地域の経済政策も遊休施設をリノベーションしたサテライトオフィスの設置や定住政策など、生産だけでなく生活の場を整えていくことを含めて浸透しつつある。以前の拠点開発型の地域経済モデルと比べて、生産、仕事だけでなく、生活や暮らしの領域に重心が移り、コミュニティへの期待や役割も再び高まってきている。

　現代の煮詰まった時代こそ、ジェイコブズの双眼的視点、地域経済とまちづくりの多様性の双方の視点が重要になるのではないか。経済的価値だけでなく、生活や暮らしの受け皿となるまちのかたちをリデザインしていくなかで、地域固有の資源の可能性をひらいていくことが求められる。グローバルに左右されないしなやかさを持ち、産業経済を自足しながら、その価値を文化的に高めていくことが地域経済の礎となろう。それは、都市や地域の社会・経済環境が変化するなかで本質を問う、その基準を探る試みといえる。ポスト・システムの非物質的な経済社会が優位になるなかで、社会的善に裏付けされた「共感」から探られていく部分が小さくない。

　市場からコミュニティに向かう動きや、逆にコミュニティから市場に向かう動き、公と補完する動きなど多様な交じり合いが目にみえるのが受け皿としての地域である。互酬性がみられるコミュニティは同一性と増殖性ではない経済の原理、貨幣換算できない交流やセーフティネットを支える基盤となる。地域をみていく論理は資本主義社会からこぼれ落ちたところに目を向け、資本主義の特徴では説明できない視点からコミュニティを継続させる論理を見出していく眼差しのなかにある。

◆注

1 R. ラジャン（2021）p.19。

2 松永（2012）では島根県をはじめ中国山地の中山間地域で生まれた社会的企業や地域
課題克服のまちづくり、地域自治組織などを取り上げた。たとえば、雲南市の吉田ふ
るさと村では特産品開発や観光事業で地域雇用を創出しながら、公共が撤退したバス
や水道検針などの事業を請け負い、地域ビジネスで得た収益を地域維持のための事業
に投じている。このように公共部門を補完する地域企業がその地に存在することの
意義は大きい。

3 鳥越（2008）では、町内会や「サザエさん」をテーマに地域社会学からコミュニティ
の原理を解き明かしている。

あとがき

　地域経済を個人の暮らしや働き方、自然と産業の調和など生活者の視点で捉えなおし、持続可能なあり方を提示する。これが本書の意図であった。これまで地域経済を捉える視点は、生産や産業構造の需要サイドから接近し、内発的な発展や政策のあり方を検討することが一般的であった。

　しかし、経済の低迷期から人口減少期へと連なって、さらにコロナ禍を経験した現在では、成長期のシステムとは異なる定常型の経済モデルを模索していかなくてはならない。多くの経済学者や論者がそう指摘している。けれども、そこに何か欠けていると常々感じていたのは、足もとからの生活者の視点である。

　定常型の経済の針路を描いていくには、生産者や統治サイドの議論だけでなく、個人の働き方、暮らし、居住環境、文化や自然との接点など、より生活者視点から経済の持続性を調整しつつ立てなおす必要が高まっているのではないか。生活者としての視点はだれもが等しく当事者視点を持てる。また自分が暮らす地域から発想していくことができる。

　経済は企業活動ばかりクローズアップされるが、「地域」という枕言葉が付くと、「私」だけでなく「公」と「共」の存在感が増し、「私」「公」「共」のそれぞれの動きやバランス、補完性がみえてくる。

　本書でみてきたのは、経済成長期は「私」の領域の拡大が目立つが、いったん右下がりになり市場の失敗が露呈すると、「公」が調整の機能を担い、「共」の役割も存在感が増してくる諸相であった。社会包摂や小さなコミュニティの台頭、地域のルーツを活かした文化醸成、空きの空間をリノベーションした場の創造、分散型社会への胎動などである。そのような小さな芽がポスト・システムの現代に芽生えつつある。だが、こうした胎動が生まれる地域がある一方で、小さな芽すら生まれてこない地域もあるだろう。その差が何なのかを考察していくことも求められる。

　本書は地域や産業の変容のプロセスに照準を当ててきた。裏を返せば、そ

れは経済構造が変化したとしても不変なものを探る試みであったともいえる。合理的なものは変容していく。変わらないものは、非合理的なものといえるかもしれない。そうするとむしろ、変わらない価値は何か、それに真理を求めていくということになるのではないか。本書を書き終えてみえてきたのは、地域にクローズアップしていくことの意義のひとつは、変わらない価値を足もとから見出し持続させていくことではないか、ということである。

　そういう意味でまだ課題も多い。経済に「地域」という枕言葉が付くかぎり、より自然と近い領域から発想していかなくてはならないと感じている。

　以下、初出一覧である。第1章、第2章、第3章、第4章、第7章は2017〜2022年に発表した以下の論文をベースに構成しなおした。いずれも大幅に加筆修正し、章を分ける、入れ換えなどをおこなったため、部にまたがった部分もある。第5章、第6章、第8章は書き下ろしである。

「ローカル志向と都市・地域社会」『都市計画』326号、pp.28-31、2017年
「ポスト産業都市にみるスモールビジネス支援とコミュニティ再生」脱工業化
　　都市研究会編著『トリノの奇跡―「縮小都市」の産業構造転換と再生―』
　　所収、2017年
「柔軟な働き方と地域デザイン」『都市とガバナンス』第30号、pp.109-117、
　　2018年
「新しい働き方と地域経済―ローカル志向や田園回帰から考える―」『地域経
　　済学研究』第37号、pp.55-68、2019年
「産業構造転換と都市再生にみる『地域の価値』―イタリア・トリノを事例に
　　―」『地域経済学研究』第38号、pp.27-42、2020年
「分散とコンパクト―都市と地方の共時性―」『21世紀ひょうご』第31号、
　　pp.40-53、2021年
「産業都市の変容にみる地域創生と社会包摂」『企業家研究』第19号、pp.67-
　　82、2022年

このほか、新聞連載に書かせていただいたことなども織り込んだ。ちょうどこれらの論文執筆と同じ時期に新聞コラム連載の機会をいただいた。『毎日新聞』（大阪版）と島根県・鳥取県をエリアとする『山陰中央新報』の時評だが、関連した事項についてはその一部も入れて構成した。

　第2部で取り上げたトリノやデトロイトの調査は矢作弘先生に大変お世話になった。2014〜2016年度にトリノ研究の海外科研費のメンバーにお声かけいただき、調査グループに加えていただいた。毎年、現地に滞在するなかで、トリノの旧市街地やポー川沿いを歩き、バロック建築や王宮が残る景観、フィアットによる工業都市としての歴史、スローフードや美食に触れ、雪が残るアルプスの麓の山村に出かけたりもした。それぞれ専門が異なる先生方とのイタリアでの交流は現場の学びとしてかけがえのない機会となった。矢作先生にはデトロイト調査もご一緒させていただき、アメリカ滞在経験の豊かな先生にご案内いただいたことはとても大きかった。加えて、本書の編集でお世話になった前田裕資氏をご紹介くださった。ここに心より感謝申し上げます。

　また、本書の作成にあたって、日本地域開発センター『地域開発』の編集委員を務めさせていただいたことも大きい。わたしが編集委員になったのは2014年からであるが、振り返るとトリノ調査と同時期でそのあたりから問題意識の幅が広がり、まちづくりや国土計画、都市計画、自然、環境などに関心を持つようになっていった。なにより編集会議の場での編集委員のみなさんの話がウイットに富んでいて楽しい。専門の話に埋没せず、常に当事者視点で身近な生活から発想しているからであろう。そうした雑談が執筆していくうえでの土台となった。『地域開発』は1964年創刊、地域系の雑誌では最も古く、2022年冬号の時点で通算644号を数えるが、2023年度をもって刊行を終了することになる。担当号では地域の現場で焦点になりつつあるテーマをすくい上げ企画を立てた。わたしにとって、この編集会議は大きな学びの場であった。

　このような場に加え、いくつかの公的な委員会や学会研究会の交流などから問題意識が醸成され、本書をまとめるに至った。

2021 年の学部ゼミと大学院ゼミでジェイコブズ『発展する地域 衰退する地域』を輪読し、学生の発表から教えられることも多かった。四半世紀前、同書を旧訳で同じようにゼミで輪読したことが懐かしく思い出されるが、振り返るとそれが現在に至る起点になっていたのかもしれない。そこから発想を進め、ようやく自分なりにこれでひと区切りした思いであるが、結果としてこのようなかたちになったというのが正直なところである。専門を超えた交流がなかったとしたら、ここから抜けることはできなかっただろう。ジェイコブズが示唆した異分野の交流、さらに彼女があとがき的に記していた「プロセス」「帰納法」「非平均的」にヒントがあったようにいまになって思う。

　本書の刊行に際し、大阪公立大学大学院経営学研究科の出版助成を受けた。出版に向けて、研究科の先生方には励ましの言葉をいただいた。ここに記して感謝申し上げます。

2023 年 立春

松永 桂子

◆参考文献

饗庭伸（2015）『都市をたたむ―人口減少時代をデザインする都市計画―』花伝社

青木昌彦（2003）『比較制度分析に向けて』瀧澤弘和・谷口和弘訳，NTT 出版（Masahiko Aoki, *Towards a Comparative Institutional Analysis*, MIT Press, 2001）

青山彰久「都市内農地の新時代」『自治実務セミナー』2018 年 1 月号

明石芳彦（2012）「コミュニティ再生における社会的企業・中間支援組織の活動と資金調達」矢作・明石編『アメリカのコミュニティ開発』所収

アサヒビール大山崎山荘美術館（2006）『アサヒビール大山崎山荘美術館』

アサヒビール大山崎山荘美術館（2016）『大山崎山荘 10 のみどころ』

鯵坂学・西村雄郎・丸山真央・徳田剛編著（2019）『さまよえる大都市・大阪―「都心回帰」とコミュニティ―』東信堂

阿部大輔（2014）「市場や学校を核にトリノの移民街が再生する」矢作・阿部編『持続可能な都市のかたち』所収

阿部昌樹（2022）「地域自治の法理論」中川幾郎編『地域自治のしくみづくり 実践ハンドブック』学芸出版社

飯盛義徳編著・西村浩・坂倉杏介・伴英美子・上田洋平（2021）『場づくりから始める地域づくり―創発を生むプラットフォームのつくり方―』学芸出版社

井手英策（2015）『経済の時代の終焉』岩波書店

伊東光晴（2006）『日本経済を問う―誤った理論は誤った政策を導く―』岩波書店

稲垣京輔（2003）『イタリアの起業家ネットワーク―産業集積プロセスとしてのスピンオフの連鎖―』白桃書房

いんしゅう鹿野まちづくり協議会編（2021）『地域の未来を変える空き家活用－鹿野まちづくり 20 年の挑戦－』ナカニシヤ出版

内田奈芳美（2020a）「都市のオーセンティシティとは―その定義と、観光関連の土地利用が示す変化―」『観光学評論』Vol.8-2、pp.123-137

内田奈芳美（2020b）「都市のオーセンティシティのゆらぎと解釈」『地域経済学研究』第 38 号、pp.17-26

内田洋子（2016）『イタリアからイタリアへ』朝日新聞出版

梅棹忠夫（1993）『梅棹忠夫著作集第 21 巻 都市と文化開発』中央公論社

梅棹忠夫・上田篤・小松左京（1983）『大阪―歴史を未来へ―』潮出版社

梅原利之・狭間惠三子（2019）「新たな歴史文化都市・堺をめざして」『地域開発』631 号、pp.30-34

漆原美代子（1978）『都市環境の美学』NHK ブックス

エコロジカル・デモクラシー財団（2021）『新しい都市の形 世界が変わるために―日本のエコデモのための 8 つのフレームワーク―』(https://ecodemofund.wixsite.com/mysite)

大石尚子（2017）「『スロー』的思考とソーシャル・イノベーション」脱工業化都市研究会編著『トリノの奇跡』所収

大内伸哉（2014）『君の働き方に未来はあるか？－労働法の限界とこれからの雇用社会－』光文社

大内伸哉（2017）「フリーランス活躍に向けた法整備は時代の要請」『Wedge』vol.29、No.10

大西隆（2020）「感染症の経験と多極分散型の都市・国土」『地域開発』634号、pp.2-5

大西達也・岡部明子・瀬田史彦・松永桂子（2020）「編集委員座談会／ウィズコロナ・ポストコロナ社会を考える」『地域開発』634号、pp.41-52

岡田知弘（2020）『地域づくりの経済学入門－地域内再投資力論－ 増補改訂版』自治体研究社

岡田知弘・川瀬光義・鈴木誠・富樫幸一（2016）『国際化時代の地域経済学 第4版』有斐閣

岡部明子（2016）「書評：門脇耕三編『「シェア」の思想／または愛と制度と空間の関係』」『地域開発』615号、p.110

岡部明子（2020a）「SDGsと都市：データ信奉の弊害、グローバル協創の幻想」『月間東京』412号、pp.2-31

岡部明子（2020b）「都市農地：市場の〈外〉にあることの贅沢」『都市農地とまちづくり』第75号、pp.2-7

岡本義行（1994）『イタリアの中小企業戦略』出版文化社

オギュスタン・ベルク（1990）『日本の風景・西欧の景観－そして造景の時代－』（篠田勝英訳）講談社

小熊英二（2019）『日本社会のしくみ－雇用・教育・福祉の歴史社会学－』講談社

小田切徳美（2014）『農山村は消滅しない』岩波書店

小田切徳美・筒井一伸編著（2016）『田園回帰3　田園回帰の過去・現在・未来』農山漁村文化協会

加賀正太郎（2006）『蘭花譜－大山崎山荘－』同朋舎メディアプラン

柏木邦子「地域の魅力、まちへの共感が人を呼び込む～人口増加を続けるニセコ町のまちづくり～」『地域開発』635号、pp.38-42

片方信也『「西陣」－織と住のまちづくり考－』つむぎ出版、1995年

片方信也『西陣－織りのまち・京町家－』つむぎ出版、2007年

片山義博（2012）「解説 ジェイコブズ経済学とその実践」ジェイコブズ『発展する地域 衰退する地域－地域が自立するための経済学－』所収

嘉名光市「大阪の都市再生政略と大阪・関西の将来像」『地域開発』631号、pp.2-5

加茂利男・徳久恭子編（2016）『縮小都市の政治学』岩波書店

城所哲夫・瀬田史彦編著（2021）『ネオリベラリズム都市と社会格差－インクルーシブな都市への転換を目指して－』東信堂

熊沢誠（1998）『日本的経営の明暗』 筑摩書房（文庫版）

小松理虔（2021）『地方を生きる』筑摩書房

小松理虔（2022）『新地方論―都市と地方の間で考える―』光文社

斎藤幸平（2022）『ぼくはウーバーで捻挫し、山でシカと闘い、水俣で泣いた』KADOKAWA

櫻井純理（2018）「就労支援と地域社会」『地域開発』627 号、pp.32-35

佐々木雅幸・川井田祥子・萩原雅也編著（2014）『創造農村―過疎をクリエイティブに生きる戦略―』学芸出版社

貞包英之（2015）『地方都市を考える―「消費社会」の先端から―』花伝社

佐無田光（2020）「『地域の価値』の地域政策論試論」『地域経済学研究』第 38 号、pp.43-59

佐無田光・伍賀一道・中澤高志・戎野淑子・岩佐和幸・松永桂子（2019）「『働き方改革』と地域経済―共通論題討論―」『地域経済学研究』第 37 号、pp.69-81

塩沢由典（1997）『複雑系経済学入門』生産性出版／増補版、筑摩書房、2020 年

塩沢由典（2010）『関西経済論―原理と議題―』晃洋書房

塩沢由典（2012）「解説 ジェイコブズ経済学の現代的意義」ジェイコブズ『発展する地域 衰退する地域』所収

塩沢由典・玉川英則・中村仁・細谷祐二・宮崎洋司・山本俊哉編（2016）『ジェイン・ジェイコブズの世界 1916-2006 ／別冊「環」22』藤原書店

塩見直紀（2018）「半農反 X の今」『地域開発』627 号、pp.2-5

清水裕之（2017）「トリノの都市計画と水と緑の再生計画の展開」脱工業化都市研究会編著『トリノの奇跡』所収

住生活研究所編（1995）『蘇る都市―職人のまち西陣から新しい市民のまちへ―』学芸出版社

神野直彦（2002）『地域再生の経済学―豊かさを問い直す―』中央公論新社

鈴木洋太郎（2018）『国際産業立地論への招待―アジアにおける経済のグローバル化―』新評論

砂原庸介（2022）「国土計画と政治―全国総合開発計画とスマートシティのあいだ―」『地域開発』643 号、pp.46-49

清家篤（2013）『雇用再生―持続可能な働き方を考える―』NHK 出版

関満博（1997）『空洞化を超えて―技術と地域の再構築―』日本経済新聞社

関満博・松永桂子編著（2009）『中山間地域の「自立」と農商工連携―島根県中国山地の現状と課題―』新評論

関満博・松永桂子編著（2010）『「農」と「モノづくり」の中山間地域―島根県高津川流域の「暮らし」と「産業」―』新評論

瀬田史彦（2021）「現代の国土政策とネオリベラリズム」城所・瀬田編著『ネオリベラリズム都市と社会格差』所収

千厩ともゑ（2006）『トリノからバローロの丘へ』洋泉社

多木浩二（2012）『トリノ―夢とカタストロフィーのかなたへ―』ベアリン出版

橘木俊詔（1998）『日本の経済格差―所得と資産から考える―』岩波書店

立見淳哉（2019）『産業集積と制度の地理学―経済調整と価値づけの装置を考える―』

　　ナカニシヤ出版

田中輝美（2021）『関係人口の社会学―人口減少時代の地域再生―』大阪大学出版会

谷口守（2016）「生活圏域から考える住み続けられる国土」『国土審議会住み続けられる
　　国土専門委員会 第2回配布資料』

谷口守編著・片山健介・斉田英子・髙見淳史・松中亮治・氏原岳人・藤井さやか・堤純
　　（2019）『世界のコンパクトシティ―都市を賢く縮退するしくみと効果―』学芸出版社

脱工業化都市研究会編著・大石尚子・岡部明子・尾野寛明・清水裕之・白石克孝・松永
　　桂子・矢作弘・和田夏子・マグダ・ボルゾーニ（2017）『トリノの奇跡―「縮小都
　　市」の産業構造転換と再生―』藤原書店

寺本英仁（2022）『A級グルメが日本の田舎を元気にする』時事通信社

鳥越皓之（2008）『「サザエさん」的コミュニティの法則』NHK出版

内閣総理大臣補佐官室 編（1980）『田園都市国家の構想　田園都市構想研究グループ』
　　大蔵省印刷局

中川理（2008）『風景学―風景と景観をめぐる歴史と現在―』共立出版

中沢新一（2009）『緑の資本論』筑摩書房

中澤高志（2019）「ポスト拡大・成長社会における労働市場の地理的多様性―空間的非
　　定常性をめぐる経済地理学的省察―」『地域経済学研究』第37号、pp.3-16

中村良夫（2010）『都市をつくる風景―「場所」と「身体」をつなぐもの―』藤原書店

中山禎輝（1996）『天王山の宝石箱―アサヒビール大山崎山荘美術館誕生物語―』PHP
　　研究所

沼尾波子編著（2016）『田園回帰4　交響する都市と農山村』農山漁村文化協会

橋爪紳也（2011）『「水都」大阪物語―再生への歴史文化的考察―』藤原書店

橋爪紳也（2015）『ツーリズムの都市デザイン―非日常と日常の仕掛け―』鹿島出版会

羽藤英二（2020）「ポストコロナの未来社会構想と教育のリモート化から考える」『地域開発』
　　634号、pp.35-40

濱田武士（2022）「歌志内における石炭鉱業の盛衰と就業構造の変化からみる過疎の考察」
　　『北海学園大学経済論集』第69巻第3・4合併号、pp.1-26

濱田武士・小山良太・早尻正宏（2015）『福島に農林漁業をとり戻す』みすず書房

広井良典（2019）『人口減少社会のデザイン』東洋経済新報社

福塚祐子（2019）「都市農地を活かした多様な『都市＋農』的ライフスタイル」『地域開発』
　　628号、pp.7-11

藤塚吉浩（2017）『ジェントリフィケーション』古今書院

藤山浩（2015）『田園回帰1　田園回帰1％戦略』農山漁村文化協会

本多哲夫（2013）『大都市自治体と中小企業政策―大阪市にみる政策の実態と構造―』
　　同友館

本多哲夫（2019）「大阪市で始まった中小企業と行政の協働の取り組み」『地域開発』631
　　号、pp.53-57

松永桂子（2012）『創造的地域社会―中国山地に学ぶ超高齢社会の自立―』新評論

松永桂子（2013）「東日本大震災と産業復興―中小企業の再生と支援政策―」『産業学会研究年報』第 28 号、pp.15-27

松永桂子（2014）「『創造的地域社会』の時代―農山村の自立とコミュニティ―」佐々木・川井田・萩原編著『創造農村』所収

松永桂子（2015）『ローカル志向の時代―働き方、産業、経済を考えるヒント―』光文社

松永桂子（2017a）「ローカル志向と都市・地域社会」『都市計画』326 号、pp.28-31

松永桂子（2017b）「ポスト産業都市にみるスモールビジネス支援とコミュニティ再生」脱工業化都市研究会編著所収

松永桂子（2018）「柔軟な働き方と地域デザイン」『都市とガバナンス』第 30 号、pp.109-117

松永桂子（2019a）「新しい働き方と地域経済―ローカル志向や田園回帰から考える―」『地域経済学研究』第 37 号、pp.55-68

松永桂子（2019b）「ライフスタイルとしての都市の農」『地域開発』628 号、pp.64-68

松永桂子（2020）「産業構造転換と都市再生にみる『地域の価値』―イタリア・トリノを事例に―」『地域経済学研究』第 38 号、pp.27-42

松永桂子（2021）「分散とコンパクト―都市と地方の共時性―」『21 世紀ひょうご』第 31 号、pp.40-53

松永桂子（2022）「産業都市の変容にみる地域創生と社会包摂」『企業家研究』第 19 号、pp.67-82

松永桂子・尾野寛明編著（2016）『田園回帰 5　ローカルに生きる ソーシャルに働く』農山漁村文化協会

三橋規宏・内田茂男・池田吉紀（2015）『新・日本経済入門』日本経済新聞出版

宮本憲一（2007）『環境経済学 新版』岩波書店

宮本憲一（2020）「地域経済学とその周辺領域の回顧と展望」『地域経済学研究』第 39・40 合併号、pp.13-24

宗田好史（2009）『町家再生の論理―創造的まちづくりへの方途―』学芸出版社

宗田好史（2012）『なぜイタリアの村は美しく元気なのか―市民のスロー志向に応えた農村の戦略―』学芸出版社

村上泰亮（1992）『反古典の政治経済学 下―二十一世紀への序説―』中央公論新社

藻谷浩介・NHK 広島取材班（2013）『里山資本主義―日本経済は「安心の原理」で動く―』KADOKAWA/ 角川書店

諸富徹（2010）『地域再生の新戦略』中央公論新社

諸富徹（2018）『人口減少時代の都市―成熟型のまちづくりへ―』中央公論新社

矢作弘（2020）『都市危機のアメリカ―凋落と再生の現場を歩く―』岩波書店

矢作弘・明石芳彦編（2012）『アメリカのコミュニティ開発―都市再生ファイナンスの新局面―』ミネルヴァ書房

矢作弘・阿部大輔編（2014）『持続可能な都市のかたち―トリノ、バルセロナの事例から―』

日本評論社

矢作弘・阿部大輔・服部圭郎・G. コッテーラ・M. ボルゾーニ（2020）『コロナで都市は変わるか―欧米からの報告―』学芸出版社

山口瞳・開高健（2003）『やってみなはれ みとくんなはれ』新潮社

山崎正和（1984）『柔らかい個人主義の誕生―消費社会の美学―』中央公論社

山田幸三（2022）「地域創生と企業家活動―ウィズ・コロナ社会におけるファミリービジネスの役割―」『企業家研究』第19号、pp.15-32

養老孟司（2019）『神は詳細に宿る』青土社

養老孟司・隈研吾（2022）『日本人はどう死ぬべきか？』新潮社

養老孟司・山極寿一（2020）『虫とゴリラ』毎日新聞出版社

除本理史（2020）「現代資本主義と「地域の価値」―水俣の地域再生を事例として―」『地域経済学研究』第38号、pp.1-16

除本理史・佐無田光（2020）『きみのまちに未来はあるか？―「根っこ」から地域をつくる―』岩波書店

横田響子（2018）「女性の起業に学ぶ柔軟な働き方」『地域開発』627号、p.11-15

吉川洋（2016）『人口と日本経済－長寿、イノベーション、経済成長－』中央公論新社

吉村元男（2018）『大阪万博が日本の都市を変えた－工業文明の功罪と「輝く森」の誕生―』ミネルヴァ書房

Florida, R., *The Rise of the Creative Class-Revisited*, Basic Books, 2012（リチャード・フロリダ『新クリエイティブ資本論―才能が経済と都市の主役となる―』井口典夫訳、ダイヤモンド社、2014年）

Florida, R., *The New Urban Crisis: Gentrification, Housing Bubbles, Growing Inequality, and What We can Do about it*, Oneworld, 2017.

Friedman, D., *The Misunderstood Miracle: Industrial Development and Political Change in Japan*, Cornell University Press, 1998（デヴィッド・フリードマン『誤解された日本の奇跡―フレキシブル生産の展開―』丸山恵也監訳、ミネルヴァ書房、1992年）

Glaeser, E.L., Kallal, H.D., Sheinkman, J.A., and Shleifer, A., "Growth in Cities", *Journal of Political Economy*, Vol.100, No.6, 1992, pp.1126-1152.

Graeber, D., *Bullshit Jobs: A Theory*, Penguin, 2018（デヴィッド・グレーバー『ブルシット・ジョブ―クソどうでもいい仕事の理論―』酒井隆史・芳賀達彦・森田和樹訳、岩波書店、2020年）

Gratton, L. and Scott, A., *The 100-year Life: Living and Working in an Age of Longevity*, Bloomsbury Pub Plc USA, 2016（リンダ・グラットン、アンドリュー・スコット、池村千秋訳『LIFE SHIFT 100年時代の人生戦略』東洋経済新報社、2016年）

Jacobs, J., *The Death and Life of Great American Cities*, Vintage Books, 1961（ジェイン・ジェイコブズ『アメリカ大都市の死と生』山形浩生訳、鹿島出版会、2010年）

Jacobs, J., *The Economy and Cities*, Random House, 1969(ジェイン・ジェイコブズ『都市の原理』中江利忠・加賀谷洋一訳、鹿島出版会、1971 年／新版・SD 選書、2011 年)

Jacobs. J., *Cities and the Wealth of Nations: Principles of Economic Life*, Random House, 1984(ジェイン・ジェイコブズ『発展する地域　衰退する地域―地域が自立するための経済学―』中村達也訳、筑摩書房、2012 年)

Jacobs. J., *Systems of Survival: A Dialogue on the Moral Foundations of Commerce and Politics*, Random House, 1992(ジェイン・ジェイコブズ『市場の倫理 統治の倫理』香西泰訳、日本経済新聞社、1998 年)

Mallach A., *The Divided City: Poverty and Prosperity in Urban America*, Island Pres, 2018(アラン・マラック、山納洋訳『分断された都市　再生するアメリカ都市の光と影』学芸出版社、2020 年)

Mela, A., "Turin: the Long Transition, Space, Society", *The Kent State of the City*, Alinea, 2011, pp.11-24.

North. D. C., *Institutional Change and Economic Performance*, Cambridge University Press, 1990(ダグラス・C・ノース『制度・制度変化・経済成長』竹下公視訳、晃洋書房、1994 年)

Piore, M.J., and Sabel, C.F., *The Second Industrial Divide: Possibilities for Prosperity*, Basic Books, 1984.(マイケル・J・ピオリ＆チャールズ・F・セーブル、山之内靖・永易浩一・石田あつみ訳『第二の産業分水嶺』筑摩書房、1993 年)

Porter, M.E., *On Competition*, Harvard Business School Publishing, 1998.(マイケル・ポーター『競争戦略論Ⅱ』竹内弘高訳、ダイヤモンド社、1999 年)

Rajan, R., *The Third Pillar：How Markets and the States Leave Community Behind*, Penguin Press, 2019(ラグラム・ラジャン『第三の支柱―コミュニティ再生の経済学―』月谷真紀訳、みすず書房、2021 年)

Rifkin, J., *The Zero Margical Cost Society：The Internet of Things and the Rise of the Sharing Economy*, St Martins Pr, 2014(ジェレミー・リフキン『限界費用ゼロ社会―〈モノのインターネット〉と共有型経済の台頭―』柴田裕之訳、NHK 出版、2015 年)

Romer, P. M., "Endogeneous Technologial Change", *Journal of Political Economy*, Vol.98, No.5, Part2, 1990, pp.71-102

Sahlins, M., *Stone Age Economics*, Routledge, 1974(マーシャル・サーリンズ『石器時代の経済学』山内昶訳、法政大学出版局、新装版、2012 年)

Saxenian, A., *Regional Advantage: Culture and Competition in Silicon Valley and Route 128*, Harvard University Press, 1994(アナリー・サクセニアン『現代の二都物語』大前研一訳、講談社、1995 年)

Skidelsky, R. and Skidelsky, E., *How Much Is Enough?: Money And The Good Life*, Allen Lane, 2012(ロバート・スキデルスキー＆エドワード・スキデルスキー『じゅうぶん豊かで、貧しい社会―理念なき資本主義の末路―』村上章子訳、筑摩書房、2014

年)

Urry, J., *Consuming Places*, Routledge, 1995（ジョン・アーリ『場所を消費する』吉原直樹・大澤善信監訳、武田篤志・松本行真・齋藤綾美・末良哲・高橋雅也訳、法政大学出版会、2012 年新装版）

Vanolo, A., "The image of the creative city: Some reflections on urban branding in Turin", *Cities*, No.25, 2008, pp.370-382.

Vernon, R., "International investment and international trade in the product cycle", *Quarterly Journal of Economics*, 80 (2), 1966, pp.190-207.

Verri, P., "Believing in a Happy City", The New Turin: *The Kent State of the City*, Alinea, 2011, pp.25-44.

Wong, F., "Market Prophets: The Path to a New Economics", *FOREIGN AFFAIRS*, November/December 2021.

Zukin, S., *Nakid City: The Death and Life of Authentic Urban Places*, Oxford University Press, 2010（シャロン・ズーキン、内田奈芳美・真野洋介訳『都市はなぜ魂を失ったか—ジェイコブズ後のニューヨーク論—』講談社、2013 年）

◆索引

■あ

I ターン ……………………………………165
空き家 ………………70, 163, 167-171, 177
アベノミクス………………………………46
移住 ……………………164-168, 171, 172, 187
一般社団法人 ……………………………181
一般的互酬性 ……………………………184, 185
インキュベーション ………………91, 93, 170
インナーシティ ……………………………71, 181
インフラ …………………………177, 178, 182
NPO ……………………63, 167, 172, 180-183
エッセンシャルワーカー ………………42, 43
オーセンティシティ …71, 72, 74, 101, 105, 127

■か

開発 ………………127-129, 135, 140-147
外部経済 ………………13, 14, 20, 28, 47, 60, 175
外部不経済 ………………………………176
格差……33, 37, 43, 44, 45, 64, 73, 75, 180, 183
過疎 ………52, 159, 165, 175-178, 182, 185
価値の経済………………………………53
関係人口 ……………………………171, 172
観光 ………79, 86, 90, 97, 98, 101, 105, 121
企業誘致 ……………………163, 172, 175, 177
ギグワーク…………………………50, 154, 162
気候変動問題 ……………………………30, 158
技術的人間 ……………………112, 119, 123
規制緩和 ………………………………45, 73
帰納法 ……………………………31, 32, 35
規模の経済 ………………20, 23, 47, 51-53, 60
共 ……………74, 75, 106, 179, 180, 183
共益 ……………………………………183
共感 ……………………………………187
共助 ………………………51, 68, 70, 75, 184
行政 ……………………………………120, 180
協働型コモンズ …………………49, 53, 181
協同組合 ……………………………96, 181
拠点開発 ……………………………175, 176
均衡的互酬性 ……………………………184, 185

クラスター …………………………21, 94
景観 ……99, 105, 106, 118, 120, 122, 140, 142, 144, 148, 167
経済政策 ……………………62, 73, 180, 187
藝術的人間 ……………………112, 119, 123
ケインズの誤算 ……………………3, 53, 154
限界費用ゼロ社会………………………………53
公 ………74, 75, 106-110, 121, 177-180, 183
公益 ……………………………………183
郊外 ………………65, 142, , 143, 147, 154
交換 ……………………………………184, 186
交換価値 ……………………………………186
公共 ……………………………71, 118, 121
公共投資 ……………………………………175
公助 ……………………………………………51
国土形成計画 ……………………………157, 158
互酬性 ……………………97, 179, 183-187
国家 ……………………………………180, 183
コミュニティ ………49, 62, 63, 68-70, 73-75, 94-97, 100, 101, 171, 172, 179, 182, 184, 187
コミュニティ・ビジネス ……………………180
コモン……………………………………182, 184
雇用構造……………………………………40, 41, 42

■さ

歳出 ……………………………………177, 178
財政 ……………………………145, 177, 179
再分配 ……………………………………………97
在来的産業 ……………………………115, 118
サテライトオフィス …48, 161-163, 172, 187
産学官連携 ……………………85, 91, 100
産業構造の転換 ……………………33, 60, 79, 101
産業構造の変化 ……………………39, 42, 79, 117
産業集積 ……25, 26, 28, 59, 60, 83, 116, 119
産業振興 ……………………85, 159, 161, 163, 179
産業の空洞化 …38, 44, 59, 62, 64, 71, 75, 79, 100, 118
産地……………………………………83, 84, 115
私………………74, 75, 106-109, 121, 180, 183

ジェイコブズ ……… 15, 17, 19-22, 28, 29, 31, 60, 71, 100
自営的就労 ……………… 50, 162, 165, 166
ジェントリフィケーション ……… 71, 72, 97
自助………………………………………… 51
市場 ……………… 26, 179, 180, 184, 187
市場原理 ………………………… 118, 187
市場の失敗 ……………… 70, 180, 181, 185
自然 ……99, 122, 141-148, 154, 155, 172, 176
持続可能 ……33, 100, 127, 140, 141, 145, 162, 164, 166, 172, 175, 186
自治体 …145-147, 159, 161, 163, 171, 177, 178
実質実効為替レート指数 ………………46
地場産業………………………………84
資本主義 ………… 49, 53, 63, 70, 97, 186, 187
社会関係資本 …………………………183
社会的イノベーション ……………181, 183
社会的企業 ……………… 53, 95, 180-182
社会的起業家 ……………………… 49, 74
社会的投資…………………………70, 181
社会包摂 ……… 61, 62, 68, 69, 73, 74, 96, 97, 100, 101, 178, 181, 187
15分コミュニティ ……………………30
集積の経済 ……………………………177
柔軟な専門化 ……………………23-27, 83
縮小都市 ………………………………75, 90
条件不利地域 …………………… 161, 165
消費社会…106, 107, 109, 110, 115, 118
消費する自我 ………111, 119, 124, 141
所得格差 ……………………………44, 45
新古典派 ……………………………15, 20
審美的調和 …………………………108
スキデルスキー ………………… 3-4, 53
スタートアップ………………91, 92, 94
スモールビジネス ……67, 68, 70, 74, 91, 94, 100, 101, 187
生活基盤 ………………………182, 183
生活的景観 …………………………121
生活文化 ……………… 128, 141, 147
生産する自我 ………111, 119, 123, 141

生産性 ……………… 43, 45, 47, 48, 146
生産緑地 …………………… 142, 143, 145
政府 ……………………… 62, 63, 179
政府の失敗 …………………70, 180, 181
双眼的視点 …… 13, 28, 35, 60, 74, 187
相互扶助 ……………………… 27, 184
ソーシャル・インクルージョン ………96
ソーシャル・キャピタル …………181
ソーシャルビジネス ………………68, 161

■た
第3のイタリア ………………83, 84, 100
脱工業化 …………………………109
多様性 ……15, 19, 21, 23, 28, 35, 71, 100, 101, 141, 187
短期的愛他主義 …………………185
地域開発 …………… 131, 148, 172, 175
地域間格差 …………………………43, 73
地域経済 ……25, 27, 28, 33, 37, 47, 53, 60-62, 66, 71, 105, 141, 187
地域経済循環 ………………164, 183
地域雇用 ……………37, 39, 42, 48, 53
地域産業 …………………………100
地域自治組織 …………………185
地域生活圏 …………………158
地域政策 ……106, 114, 123, 146, 147, 157, 164, 167, 171, 177
地域の価値 …… 34, 61, 74, 121, 127, 148
地域の時代 …………108, 109, 112, 114
小さな政府 …………………………180
地方創生 …………35, 128, 146, 171
地方中枢都市 ……………157, 158
地方分権 …………………………113
中山間地域 ………159, 167, 170, 185
中小企業 ……24, 51, 63, 79, 83, 85
中心市街地 …………………………159
長期的自己利益返還 ………185, 186
定住 ……145-147, 155, 159, 161, 164, 167, 168, 171, 187
デザイン ……………87, 93, 94, 164
デトロイト …………………………64-70

田園回帰 …………………155, 157-161, 165, 172
田園住居地域 ………………………143
田園都市 ……31, 127-129, 140, 142, 144, 145, 147, 148
田園都市国家構想 ………………112-114
田園都市論………………………29
東京一極集中 …34, 43, 52, 153, 155, 156, 177
都市計画 ……………………71, 143-145
都市再開発 ……………………88, 147
都市再生 ………63, 67, 70, 79, 91, 93
都市神殿論 ……………………113
都市問題 ……………………182
土地区画整理事業 ………………144
トリノ ……………………79-102, 181

■な
内需型のサービス業 ………………43, 47
内発的発展 ……………………171, 177
ネオリベラリズム …33, 63, 64, 73, 146, 147, 182
農山漁村 ……………………158
農村 ……………………98-100
ノマドワーク ……………………70

■は
働き方 ……37, 48, 51, 153, 162, 163, 164, 166
範囲の経済 ……………………53
非営利組織 ……………………62, 63
ピオリーとセーブル …23, 24, 26, 27, 81, 83, 85
比較制度分析……………………26
非正規雇用 ……37, 38, 41-45, 52, 54
否定的互酬性 ……………………184, 185
非平均的 ……………………31, 32, 35
フィアット ……………80-82, 85-87, 89, 100
風景 ……………………121, 122, 144, 147
複雑系 ……………………31
扶助 ……………………177, 178, 185
プロセス ……………………31, 32, 35, 101
プロダクト・サイクル ……16, 17, 38, 59
フロリダ……………………20, 21, 49
文化 ……70, 87, 88, 97, 98, 100, 105, 118, 120, 121, 123, 127, 128, 135, 140, 147, 148, 167

分業 ……………………14, 28, 38, 60, 117
分権型社会 ……………………177
分散型社会 ………34, 112, 113, 122, 153, 162, 164, 167, 171, 172, 187
分断 ……………33, 64, 70-72, 75, 183
ベンチャー企業 ……………………162
ベンチャーキャピタル ……………………92
包摂的ローカリズム……………………62
ポーター ……………………20, 21
補完の原理 ……………………180
ポスト資本主義 ……………………186
ポスト産業都市 ……………54, 61, 70, 101
ポスト・システム ……………………101
ポストフォーディズム …………25, 83, 100

■ま
MAR（マーシャル・アロー・ローマー）…15, 20
まちづくり ………33, 35, 71, 73, 74, 95, 115, 144, 145, 161, 163, 167-171, 187
密度の経済性……………………47
民藝運動 ……………………128, 134, 135

■や
柔らかい個人主義 ……………………109-112
Uターン ……………………165
輸入代替……………………17, 22, 28

■ら
ライフシフト ……………………48, 153, 164
ラストベルト……………………64
利他 ……………………186
リデザイン ……………………4, 187
リノベーション ……67, 69, 70, 88-90, 93, 96, 97, 101, 105, 119, 120, 128, 141, 167, 170
リモートワーク …4, 43, 48, 153-155, 162-164, 172
労働運動 ……………………81, 82
ローカル志向 ……………………164

■わ
ワーク・ライフ・バランス ……161, 164, 165, 172
ワーケーション ……………………163

◆著者紹介

松永桂子（まつなが　けいこ）

大阪公立大学商学部・経営学研究科 准教授
1975 年、京都市生まれ。大阪市立大学大学院後期博士課程単位取得退学。博士（経済学）。島根県立大学、大阪市立大学大学院創造都市研究科などを経て現職。
フィールドワークを通して、持続可能な地域や経済のあり方について研究している。

主な著書
『創造的地域社会―中国山地に学ぶ超高齢社会の自立―』新評論、2012 年
『ローカル志向の時代―働き方、産業、経済を考えるヒント―』光文社、2015 年
（同韓国語版、2017 年）
『トリノの奇跡―「縮小都市」の産業構造転換と再生―』藤原書店、2017 年（共著）
など

地域経済のリデザイン
生活者視点から捉えなおす

2023 年 3 月 31 日　第 1 版第 1 刷発行

著　者　　松永桂子

発行者　　井口夏実
発行所　　株式会社学芸出版社
　　　　　京都市下京区木津屋橋通西洞院東入
　　　　　電話 075 - 343 - 0811　〒 600 - 8216
　　　　　http://www.gakugei-pub.jp/
　　　　　info@gakugei-pub.jp
編集担当　前田裕資

装　丁　　ym design（見増勇介＋関屋晶子）
印刷・製本　モリモト印刷株式会社

本書の関連情報を掲載
https://bit.ly/3KGXWLi